名师名校名校长

凝聚名师共识
回应名师关怀
打造名师品牌
培育名师群体

　　　　　郑明远题

黎康丽 著

情意数学

——指向深度学习的初中数学支架式教学

QINGYI SHUXUE
ZHIXIANG SHENDU XUEXI DE
CHUZHONG SHUXUE ZHIJIASHI JIAOXUE

东北师范大学出版社

长春

图书在版编目（CIP）数据

情意数学：指向深度学习的初中数学支架式教学 /
黎康丽著. — 长春：东北师范大学出版社，2022.11
ISBN 978-7-5681-9930-8

Ⅰ.①情… Ⅱ.①黎… Ⅲ.①中学数学课—教学研究
—初中 Ⅳ.①G633.602

中国版本图书馆CIP数据核字（2022）第228027号

□责任编辑：石纯生　　　　□封面设计：言之凿
□责任校对：刘彦妮　张小娅　□责任印制：许　冰

东北师范大学出版社出版发行

长春净月经济开发区金宝街 118 号（邮政编码：130117）

电话：0431-84568023

网址：http://www.nenup.com

北京言之凿文化发展有限公司设计部制版

北京政采印刷服务有限公司印装

北京市中关村科技园区通州园金桥科技产业基地环科中路 17 号（邮编：101102）

2022年11月第1版　　2022年12月第1次印刷

幅面尺寸：170mm×240mm　印张：15.25　字数：250千

定价：58.00元

教育是一场向美而行的遇见，与黎康丽老师相识于 2020 年 9 月开始的江门市第五批名校（园）长、名教师培养项目，我有幸成为她的理论导师．生命有光，成长有道，在培训过程中，我见证了黎老师凝练"以情触教，以艺深雕"的教学风格的摸索过程．2021 年 7 月，追求卓越、超越自我的黎老师通过竞争，成为广东省中小学"百千万人才培养工程"初中理科名教师培养对象，我再次有幸成为她省培训班的理论导师．在高端的省级培训中，黎老师以多元视角，反思自我，对教育教学进行深入的思考，形成了独到的见解，确立追求"情意数学"教学思想，以"情"为根，以"意"为源，以更好地落点于"情"与"意"的彼此融合、相助、促进．同时她提出个人教学主张——支架式教学下"深究细研，思维灵动"的深度课堂，并在原有课题的基础上进一步延续、深挖，以"五步五环"教学法为载体，构建支架式教学新视角，研究第二个省级教育规划课题"支架式教学下促进初中数学课堂深度学习的实践研究"．通过不断进取，不懈追求，这些年来黎老师主持完成了省级课题研究 5 项、市级课题研究 2 项，撰写十余篇教育教学论文并分别在国家级、省级、市级期刊上发表，如：《支架式深度学习模式例析》发表于全国中文核心期刊《中学数学教学参考》，《巧搭学习支架，触动数学思维》发表于教育部主管期刊《中小学数学》等．同时，黎老师也获得了广东省中小学"百千万人才培养工程"省级培养学员第一年度考核优秀、广东省名师工作室优秀学员、江门市教研指导先进个人、蓬江区名师工作室主持人、蓬江区教育系统第三批名教师、蓬江区初中数学骨干培训班优秀导师等多个荣誉称号．

从黎老师探索教育真谛的过程可以看出，学习、实践、阅读、写作让她变得更完美、更睿智、更有成熟淡定的魅力．今欣闻黎康丽老师的专著《情意数学——指向深度学习的初中数学支架式教学》即将出版，请我作序，我欣然接受．

从这本书中我们可以清晰地看到，黎老师作为一线教师对教学事业的执着与热爱，书中"理念篇：耕深数学 彰显思想"部分，阐述了她的成长、教学理念和教学追求，以及从一位普通初中数学教师成长为广东省名师培养对象的心路历程，值得广大初中数学教师借鉴．书中理论篇、实践篇、策略篇充分展示了她作为一名教研员时致力于成为一名研究型的教师，教学本身就是做研究，该书把我带进初中数学课堂，使我身临其境，真切地感受到课堂气氛，了解到她是如何在教学中做研究的．书中通过丰富的教学实操、案例析探，聚焦课题、实践领航，回眸黎老师教研的亲身经历，以支架式教学为理论基础，开展初中数学深度学习课堂的研究，演绎了她与深度学习支架教学同行的成长历程．

相信黎康丽老师的书，能为我们初中数学教学研究带来新的气息、启迪与共鸣，大家通过这本书的阅读一定会有所思、有所悟、有所得．

李样明

2022 年 8 月于广州

（李样明，广东第二师范学院数学学院院长，博士生导师）

目 录
CONTENTS

策略篇：

追求情意思想　凝练教学风格　提出教学主张

理念篇：

耕深数学　彰显思想

我的成长——结缘蓬江　领航蓬江　筑梦远航

诚如杜威所言："选择了一种职业,也就选择了一种生活方式."回想起18岁填报高考志愿那年,我正在为选择什么专业犹豫不决的时候,妈妈说出这样一番话,至今让我难以忘怀."女儿,你还记得小的时候吗? 放学一回家把书包一放,拿起小木棒当教鞭,对着家里的小黑板,学着老师的模样,口中念念有词,神情学得特别像,选择师范专业吧,我们家族没有一个当老师的,希望你能成为第一人,妈妈相信将来你会成为一名好老师."就这样,我填报了师范专业,也顺利地考取了师范院校.

一、启航——结缘蓬江,梦想启航

十年乡村教学,打下扎实教学根基

1. 初登讲台,春暖花开

2001年7月从师范院校毕业后,我怀揣教育梦想,来到蓬江区荷塘镇一所初中任教,担任七年级数学教师和班主任工作.现在回想起来,当年的我运气真的很好,所任教班级的学生特别懂事、乖巧,期末调研检查语文、数学、英语、政治等学科都在镇上排名第一,教学成效凸显,学生学科素养高.同时,也得到了领导与同事的认可,我对未来充满了无限遐想,从此便与蓬江教育结下了"浪漫情缘".

2. 第一次挑战,首战告捷

当年,镇里的教研气氛相当浓厚,为了使我们这批新教师迅速成长,尽快站稳讲台,每一学年都进行新教师课堂教学基本功大比武.2001年11月,仅有3个月教龄的我参加了第一次全镇基本功大赛,心里难免有点紧张,但凭借着个人的刻苦与努力，认真揣摩教学内容、大胆尝试新教法、反复多次试教，以及全体数学科组智囊团的鼓励，以最高分的成绩顺利地取得了全镇第一名．

第一次尝到了教学工作的甜头，心里越发有动力，接下来连续三年都获得全镇第一名的好成绩．取得了小小的成绩，逐渐我的课也受到了学生的喜爱和同行们的认可。与此同时，我也受到了荷塘镇中心学校李勤家主任的赏识与关注，每一次蓬江区教育局有领导到镇里调研听课，他总会叮嘱我："黎老师，你是个好苗子，有潜力，驾驭课堂的能力很强，希望你把握好每一次对外公开示范课的机会，这不仅仅代表你个人，更代表我们镇初中数学课堂教学的水平．"李主任的话激发了我的雄心壮志，让我信心倍增，我暗下决心：只能成功，不许失败，要牢牢抓住每一次成长的机会．

勇于承担公开课、示范课，围绕教得巧妙、教得有效、教出美感、教出个性开展课堂教学研磨，欢迎同行多走进课堂听自己的课，乐于听取别人对自己的建议并从中找出自身的不足与差距，同台竞技、磨课、研课、赛课、经验分享，以公开课为契机，是实现教师专业发展，同时，也是展示自己的良好方法与途径．

2004年9月，我第一次获得了广东省初中数学优秀课评比二等奖，江门市中学数学青年教师说课评比一等奖．首战告捷，这为我继续勇攀教学的高峰打下强心针，为我继续前行扬起了自信的风帆，领导、专家对我的课堂的肯定与赞赏，深深地鼓舞着我．我真诚地感谢李勤家主任，是他带着我走进了初中数学教学的春天．

3. 第二次挑战，一盆冷水

每个人心中都有一个舞台，心有多大，舞台就有多大．目标有多远，你就能走多远．转眼间到了2008年9月，广东省初中数学教师优秀课评比拉开帷幕，我暗下决心，一定要冲出江门，再次站到广东省初中数学教师优秀课评比的舞台上，那段时间，我几乎每天都是凌晨2点才睡，要等小孩入睡，孩子睡着之后立即开始用心备课．一次次的精心打磨、反复地试教、琢磨，课堂教学设计以问题驱动为引领，创设贴近学生的生活实际、留给学生广阔的思维空间、拓展学生深层次的活动空间、培养学生能力的开放性问题．同时我明确教学目标，把握有利的时机，有层次、有步骤地向学生提问，让课堂达到较好的学习效果，让学生在课堂上沉静思考、合作交流、有序展示，能质疑，能点评，能总结，能创新，打造富有生机的、灵动的数学课堂.

可是，2008 年 12 月，宣布比赛结果的当天，得知我只获得了江门市初中数学优质课评比二等奖，无缘省赛，没有得到预期的结果，我深受打击. 上课没有得到肯定，一盆冷水从头淋到脚，这种滋味真的很难受. 委屈与难受，刺痛了我内心的深处. 随后，我对这节课进行深入的反思，切中肯綮，找出不足以及与别人的差距，一段时间后发现自己的课件制作过于花哨，使人看得眼花缭乱，这让我认识到，教师教学技能精湛的体现并不是在课件的制作技巧方面，而是要落实在数学知识生成的深度、高度与广度上.

4. 第三次挑战，渐入佳境

2012 年 2 月，学校收到了广东省初中数学教师优秀课评比的通知，要求派一名八年级的数学教师参加蓬江区初赛，学校教导处潘蔚主任第一时间找到了我："黎老师，你的教学功底不错，你代表学校参加比赛吧." 听了这个消息，回想到四年前失败离场的情景，心里面酸溜溜的，我委婉地拒绝："潘主任，优秀课评比我已经参加两次了，而且上次只拿了江门市二等奖，我担心会让大家失望，你还是找其他老师吧."

潘主任拍了拍我的肩膀后关切地说："年轻人应该有永不言败的闯劲，要从失败中寻找目标与方向，有哪位名师过来的路就一直是一帆风顺、风平浪静的？只要你能翻越心中那道艰难的坎，失败就能成为你成长的动力，机会总是留给永不服输、不断努力付出的人，你一定要好好把握机遇，武装好头脑，重新出发."

正当我低头沉思的时候，潘主任继续鼓励我说："你是个有灵气、有天分的老师，真正优秀的名师，从来就不是因一时的顺遂铸造而成，都是经历过百般的磨炼，拥有迎难而上的勇气，才会变得越来越优秀，走得越来越远，用开放的心态和改变自我的意愿去参加这次评比吧，我相信你会表现得更好！"

潘主任这番暖心的话，激励着我重新出发继续前行. 这次教学设计紧贴新课程标准提出的要求，既基于教材，又超越教材，课堂脉络清晰，融会贯通，让学生经历猜想、探索、研讨、证明的过程，最后我进行画龙点睛般的点拨、提炼、归纳、总结，过渡自然，一气呵成. 课堂中我充分运用了"导""展""评"小组合作模式，以"一题一课，串联一体"的形式，结合相关的信息技术大大提升了课堂的效率. 同时我以良好的专业素养、出色的表现给教师们留下了深刻的印象，得到了所教学生及参评教师的高度认可．

在课堂上，我渗透"以情触教，以艺深雕"的教学风格，让课堂既如秋叶般静美，又如春花般多彩绚烂，次第怒放．我还重视课堂教学生命的流动与情感的沟通，重视对话式的教学互动，逐步形成自己极具亲和力的教学风格．我认为，学生的经验是课堂教学的起点，教学敏感是课堂活力的基点，数学语言的感受和运用是课堂学习的支点．要在课堂上教出简单之内的丰富、平淡之中的高妙、普通之外的深刻，让枯燥的课上得"有滋"，令学生学起来觉得"有味"．

在教学中，我体现直观性、化虚为实、化静为动，让学生尝到学习的快乐，同时我讲究数学学习的规律性和科学性，重视学生学习习惯的养成和学习兴趣的激发，遵循学生的学习规律和身心发展的规律，重视学生的自身体验和感悟，坚持学生学习的主体地位，重视学生思维方式和思维能力的培养，倡导"过程重于结果"的数学教育理念．在 2012 年 5 月，我获得了广东省初中数学优秀课评比一等奖及江门市初中数学优秀课评比一等奖的成绩．

二、领航——领航蓬江，带动团队

十年教研工作，潜心研究教学

2012 年 5 月，当我还沉浸于荣获广东省初中青年数学教师优秀课评比一等奖的喜悦时，一通电话打了过来："喂，你好，是黎康丽老师吧，我是蓬江区教研室韦思扬，今天你有空过来区教研室一趟吗？有些事要和你商量一下．"那一刻我的心里有些小激动："好的，谢谢韦主任！"

见面的那刻，韦主任对我说："黎老师，首先祝贺你获得省优秀课评比一等奖．区教研室需要一名中学数学教研员，希望你加入我们的团队，致力于蓬江教研．"我诚恳地回答："感谢韦主任对我工作的支持与信任，我会尽最大的努力把工作做好．"就这样，翻开了教研工作的新篇章，我深深地感谢蓬江区教研室韦思扬主任，是他引领我从一名教书匠逐步转变成一名研究型教师，给予我参与研究的机会、平台与空间．

1. 教而不研则浅，研而不写则空

做一名研究型教师，既要"教"，又要"研"，还要"写"，"教"是"研"

的前提和基础,"研"是"教"的总结和提高,而"写"是"教"和"研"的概括、升华.教而不研则浅,研而不写则空,教师应潜心研究教学,改革课堂教学,教师只有以研究者的心态置身于教育情境,以研究者的目光审视自己的教育理论和现实,以研究者的精神不断发现问题和解决问题,才能成为自觉的实践者.

为了寻找写作素材而不断地观察、反思和尝试,为了寻找写作理论而不断地学习、记录和运用,我开始细读、详读专业书籍以及《初中数学教与学》《中学数学教学参考》《数学通报》《数学教育学报》《中学数学》《数学教学通讯》《中学教学研究》等教学杂志,从最初的手足无措,到在别人的实践和智慧中寻找灵感,再到自己果断地分析、判断,回想起那段时间的路走得特别艰难,仿佛世界变得静止和单一起来,沉下心来,渐渐地我的思路豁然开朗,有了写作的思路与空间.

勤于思考,笔耕不辍.思考可以改变人的生存状态,让人不断地进取并积累丰富的经验.而写教育教学文章无疑可以促进教师思考,也可以培育一线教师的问题意识和创新精神.要想使自己成为教育创新与改革的"弄潮儿",就必须做到推陈出新、与时俱进,勇探索、善反思、勤笔耕.撰写论文是教师成长的必修课,在这一过程中所经历的反反复复修改的煎熬、种种磕磕碰碰思维火花的碰撞,恰恰是提升自身专业素养非常好的机会.

2. 以课题为船,以学习为帆

脚踏实地,以科研助教研,只有把课题问题化,把工作科研化,才能使教育科研亲近教学、走进课堂,借助科研的力量、群体的智慧,以研促教,使自己的职业生涯焕发出别样的光彩.积极投身教育科研,对一个教师的成长与进步至关重要.教育科研是教师成长与进步的杠杆,也是教师加速成长与进步的必由之路.我以课题为船,以学习为帆,走出一条"学习—实践—反思—总结"之路.

2008 年 5 月,我开始思考第一个区级课题,上网查阅资料、阅读相关书籍,从没有头绪到渐入佳境,每一轮课题研究都是从计划、探索、反思、总结,再到调整,每个阶段都历时 2~3 年,课题研究推动我一步一步向前发展.教育科研是教师成长与进步的杠杆,也是教师加速成长与进步的必由之路.我以科研为动力,超越自己.同时我着力提升课题研究能力,探索科研兴教之路,积极参与课题研究。我认为，凡是优秀的教师，没有不搞科研的；凡是研究有成的教师，无一不是优秀的．不搞科研的教师犹如一个在黑暗中摸索的教书匠，有无科研意识是区别学者型教师和教书匠的标准．

2011 年 5 月，第一个区级课题顺利结题了，这使我更有信心、有干劲带领我区骨干教师团队，积极申报市级普教科研课题、省级教育科学规划课题、省级教育研究院课题．在各级各类课题研究中，我逐步走向明朗化、清晰化，运筹帷幄，得心应手，并多次在省、市、区课改展示活动中执教示范课，进行专题讲座、经验介绍，同时受到江门市教育研究院、五邑大学数学与计算科学学院、江门市中小学教师继续教育指导中心、中国教师研修网等邀请，分别在深圳、中山、新会、恩平、五邑大学等地作专题讲座、经验交流．课题要多关注自己的教学实践，从实践中来，在实践中做，在思考中超越自我．每研究一个课题，我都向自己提出更高的要求，有超前的意识，独到的见解，创新的思路，服务于教学实际，在科研中思索，在科研中提升．

3. 带动团队，助力青年教师成长

我努力成为有教学智慧、教育艺术精湛的教师，在区域内有一定的影响力和知名度，发挥示范和引领作用．作为一名教研员，我汲取教育专家学者的智慧精华，不断提升自身的教研、科研水平，充分发挥自身的辐射、示范作用，带动团队，引领别人，为青年教师的快速成长做贡献．

"独行速，众行远．"这几年，我培养的 200 多位教师分别在国家级、省级、市级各类优质课、精品课、说课、说播课、数学讲授核心片段等评比活动中获奖．一路走来，既充满着艰辛的泪水又蕴藏着无数惊喜．为了打造精品的课堂，多少个彻夜不眠、挑灯夜战的夜晚，我设计出多个方案、多种思路、多个课件、多种模式，结合选题提炼思考，深思熟虑梳理主线，研究教材挖掘细节，演绎结合打磨语言．经过反复的研读与探讨，我拥有了走进教材的底气；经过不断的完善与凝练，我拥有了超越教材的底气．

同时，以先进教研组为抓手，引领课题促发展，从 2017 年至今，我区先后共有 45 个数学科组及备课组被江门市教育局授予示范教研科组、优秀备课组等荣誉称号．借此契机，充分发挥龙头先进科组的作用和辐射引领效应，有效带动全区数学科组共同发展，促进学科教研组规范建设，使全区教研内涵不断丰富，进而呈现出良好的效果，区内常规管理互相渗透，提高教育教学质量，整

体实力不断提高，同时促进全区的均衡发展．课题研究活动的普遍推广，必然会带动教学实践的进一步优化，进而促进教学质量的明显提升．

2017 年 2 月，成立了我区第一期初中数学青年骨干教师培训班．为进一步加大课题研究的力度，我拓展课题研究的层面，创新教研模式，增强教学、教研和科研能力，提升教书育人的质量和水平，培养骨干教师，探索区域性数学教学流派，以及如何使教研、培训、教学有机结合，在理论与实践之间贯通起来，聚焦课堂教学，提高教学能力；开展读书分享，提高理论水平；补齐科研短板，提高研究能力；重视信息技术，提高信息素养；同伴互助共进，促进共同成长．我通过开展数学教育教学研究活动，力求丰富共同体成员的理论知识，促进共同体成员的专业发展；致力于名教师及骨干教师的培养，使其成为区、市学科带头人、名教师后备梯队中的一员，促进蓬江初中数学教学良好氛围的营造．

4. 名师工作室成立，扬帆鼓劲明方向

2021 年 12 月，成立了蓬江区黎康丽名师工作室．工作室按照"围绕名师、搭建平台、全程参与、培育骨干"的建设思路，组建了团队，其中有十位来自全区 9 所初中的数学骨干教师、一名工作室助理和两位市、区教研部门专家顾问．第一是提供教育科研舞台，采取"三重"（即重培训、重研究、重实践）成长模式，构建名师成长立体舞台．推行"走出去，请进来"的策略，前往区、市名校学习交流，邀请名师来校送课讲学，使成员增长见识，提高专业水平；在多层面、多形式的历练下，成员实现了从教书匠向科研型教师的转变．第二是构建数学课堂教学模式，工作室以实际课堂教学为载体，以省级课题"支架式教学下促进初中数学课堂深度学习的实践研究"为研修主题，形成课堂的范式．第三是构建一种名师成长模式，工作室力推名师成长公式＝读书＋研修＋反思＋写作，注重成员反思、总结和提升．第四是形成独特的教学风格，工作室成立以先进理念为指引，以课题研究为载体，立足课堂教学主阵地，以教学研讨为主要内容，打造"以情触教，以艺深雕"的课堂教学风格．

三、远航——潜心研究，筑梦远航

研修让视野开阔，研磨让寂寞开花

人生没有最高峰，只有永不止步的教育理想和追求．从 2017 年开始，我便开始了一拨又一拨的培训．广东省商庆平名师工作室学员跟岗培训、广东省中小学"百千万人才培养工程"初中名师培养对象、广东省强师工程提升教师能力计划、江门市第五批名教师培养项目、江门市首期青年教师培养项目等培训，不仅搭建了与名家名师交流对话的平台，也搭建了破茧而出的支架，促使我筑梦远航．

1. 省名师工作室培养，不断追求新高

2018年9月，我加入了充满活力、充满教育情怀的广东省商庆平名师工作室团队．省名师工作室的启动，让我深深地感受到了各级领导对数学教学工作、数学教学研究、数学教师专业发展的重视和殷切希望，为我们搭建了良好的交流平台，这是为我们解决教学中困惑的平台、切磋与研讨的平台、成长与发展的平台。这三年的跟岗培训使我收获满满，在2021年4月获得广东省名师工作室优秀学员的称号．

还记得陕西西安研修之旅前，商校长一通电话打过来，百般关爱地对我说："康丽老师，这次我们到陕西西安跟岗学习，我安排了两位老师执教公开示范课，你是其中的一位，愿意承担这个任务吗？这是展示你个人教学风格非常好的机会，要好好把握哦！"听了这番话，我心中充满了惊喜，但更多的是担心和焦虑，毕竟离开讲台七年了，万一真的没把课上好，怕影响到商校长省级工作室的声誉．商校长仿佛看穿了我的心思，继续为我加油打气："不用过于担心，我们会与你共同深入备课、并肩作战的．"有了商校长的支持与鼓励以及小伙伴的协作与帮助，我在短时间内出色地完成了《分式的综合运算》示范课的任务．紧跟着，我还先后到鹤山市、恩平市等地执教公开示范课，以良好的专业素养、出色的表现给老师们留下了深刻的印象，得到了所教学生及观课教师的高度认可．

这几次数学示范课，我以深度学习为课堂的思维，反复变式为教学的主线，教学设计巧妙，独具匠心，充分利用信息技术辅助教学，注重学生深度思维训练，利用一题多解、一题多变、多题归一的方式把一个个散乱的数学知识点串联成一条线，将重点和难点于无声无息中巧妙化解，犹如赋予枯燥无趣的数学以灵魂，再结合生活实际设置学生喜闻乐见的情境，并配以诗歌朗诵和歌曲传唱的方式让数学变得有血有肉、有声有色、灵动有趣，同时，遵循支架式小步子教学策略，帮助学生取得成功．课堂教学设计遵循小步子教学策略，把教学内容分解成一步步，前一步的学习为后一步的学习作铺垫，后一步的学习在前一步学习后进行，由于两个步子之间的难度相差很小，所以学生很容易取得成功，并建立起自信，形成了"低起点、小步子、多活动、快反馈"的课堂教学模式.

课堂上的我，始终以学生为本，以学情为教学的生长点，创新课堂活动，使其趣味无穷，深受学生喜欢.我的课堂，师生互动情真意切，能抓住学生细微的闪光点给予最大限度的鼓励和表扬，用风趣和幽默本色适时调节气氛，于云淡风轻间将数学知识尽数传授给学生，不仅让学生学有所得，还能让学生学得开心陶醉、信心倍增，让听课者赏心悦目、如沐春风.我渗透支架式深度学习，让教学触及学生心灵，重视培养学生数学思维的灵活性、敏感性和深刻性，使教学设计层层递进，渗透数学思想，潜移默化地落实数学核心素养，切实减轻学生负担，既让学生在教学活动中感受到学习数学的成就感，又彰显了自身扎实深厚的教学功底.

2. 省百千万人才培养，驶入专业发展快车道

2021年6月，通过层层选拔，我成为广东省中小学"百千万人才培养工程"初中名师培养对象，正当感到无法进一步突破自我，走到瓶颈的时候，我很幸运地抓住了这次高端深造培训机会，让自己驶入了专业发展的快车道.

（1）实现个人发展目标策略

专家讲座，提高教育理论水平.在这个过程中能够领略专家的睿智、教授的博学、学者的情怀、导师的前瞻，把握现代教学的理念，丰富任教学科课程的基础理论和专业知识，掌握国内外本学科教育教学改革与发展的最新动态，学习最前沿的学术成果，吸收最新教育教学研究成果并应用于教育教学实践.

课题研究，升华教师职业灵气.研究要为教育教学服务，要在研究中发现问题，在问题中研究，在研究中成长，分析教育教学问题—寻找解决方法—把解决问题的过程总结出来—把总结出来的方法运用到教育教学实践中.教育科研需要智慧，也彰显智慧，且教育科研为教师创建了研修乐园与展示舞台.

读书分享，阅读催生教育智慧.从书本中吸纳知识，以此来丰富自己，让自己变得更加充实，拥有背后的深度和广度.阅读催生教育智慧，满足现代教育的需要，对学科知识进行系统整合，灵活调度，提升自我的教学魅力、气质和精神境界.腹有诗书气自华，催生职业智慧.

聚心练笔，写作积淀专业睿智．充实自己，开阔视野，抓住提升自我的契机，撰写教学反思、教育叙事，关注教育的每一个细节，这是实现教师专业发展的必由之路．

深入课堂，读课历练思维体操．看课—学习、移植、组装；听课—聆听、过滤、吸收；上课—实践、反思、提升．课堂是教师专业发展的基础和生命，课堂激发生命活力，打造扎实、充实、丰实、平实、真实的课堂，借助于课堂这个载体，教师可以获得专业发展振翅冲天的快感和超越感．

（2）凝练个人教育思想，定位发展

通过广东省中小学"百千万人才培养工程"的培训，全面提升自己的教学实践及教科研能力，凝练出自己的教学主张，逐渐形成自己独特而系统的教育思想；并有较高水准的研究成果发表或出版，努力使自己成为有教学智慧且教育艺术精湛的教师，在全市乃至全省有一定的知名度和影响力，发挥示范引领作用．

汲取教育专家学者的智慧精华，深刻反思总结从教以来的教学实践探索，突破专业发展瓶颈，逐步凝练教育主张、构建教学风格、探索教学模式，形成自己独特而系统的教学思想．省级课题立项，形成研修专题，在课题研究中不断提升自身的教研、科研水平，主动参与送教下乡、巡回讲学、专题报告等活动，每年至少开展两次分享、交流、展示、示范教育教学活动．

不断完善自我，塑造、凝练、展示独特的教学风格，聚焦课堂，展示最能代表自己风格的教学课例．以课题为抓手，坚持不懈地开展有计划、求扎实的课题研究，紧扣自己研修的问题，通过开设研讨课等活动，提升自己的学科教学能力；反思自己的教学实践，进行课题研究，撰写优秀案例和发表高水平教学论文，三年内力争有两篇论文在核心期刊发表．

完成广东省百千万培养项目省级课题研究，争取省级课题立项并顺利结题，努力形成可视化、可复制、可推广的教育教学成果．成立市、区、校多层次立体型的教研网络，构建对本地区乃至全省有影响、独具特色的创新型学科教学模式．通过"传、帮、带"方式帮助本地区中青年教师提升教学水平，加快青年教师成长速度，真正发挥教育家的示范引领作用，促进本地区初中数学教育改革．

（3）示范引领、云端送教，教育帮扶促提升

2021年11月，在"百千万人才培养工程"省级培养对象走进乡村教育活动中，本人赴阳江市海陵中学作题为"基于支架式教学下初中数学课堂教学的实践研究"的专题讲座，充分发挥"百千万人才培养工程"培养对象的示范引领和辐射带动作用，完善城乡教育互相联动和促进机制，提升乡村学校教师的教育教学能力和教育管理水平，促进城乡教师交流，打造"教育联合体"．通过讲座培训，一是帮助教师进一步明确中考改革的新趋势，提高教学能力和专业发展水平，在教学工作中发挥骨干示范引领作用；二是把握中考时代脉搏，把学到的专业技能和创新理念、方法与自己实际工作相结合，促进个人专业成长，更好地教书育人，培养优秀学子．

2022年5月，在"百千万人才培养工程"省级培养学员走进乡村教育活动暨"云送教"活动中，本人通过腾讯会议平台与茂名市滨海新区初中数学教师现场互动、交流研讨，作题为"支架式教学下促进初中数学课堂深度学习的实践研究"专题讲座及"求阴影部分面积"课例分享．双减政策下，需要减轻孩子们的学习负担，更需要教师精准备课，合理利用网上的优质备课资源，如微课视频等，搭建学校科组备课框架，提高教学效率．通过活动，开阔了茂名滨海新区当地初中数学课堂构建视野，更新了教师们的教育教学理念，也进一步提升了科组的教研能力以及教师的专业能力，提高了粤西地区教师的教育管理能力、教育教学能力，目的在于加快推动粤西地区基础教育高质量发展．

2022年8月，由广东省教育厅主办、广东第二师范学院教师研修学院承办的"2022年广东省粤东粤西粤北地区中小学教师全员轮训——阳春市初中数学骨干教师培训班"启动，本人作了题为"深研课标，素养导向——2022义务教育数学课程标准解读"的专题讲座，围绕三个角度开展讲座：视角一，课程理念与目标，从"三维目标"走向"核心素养"；视角二，初中数学课程内容的主要变化；视角三，课程标准发展取向，从"内容为纲"走向"内容为纲"＋"质量驱动"，重点对《义务教育数学课程标准（2022年版）》的指导思想、修订原则、主要变化、课程性质、课程理念、课程目标、核心素养内涵、课程内容、学业质量、课程实施等方面进行详细解读．本次专题讲座，目的在于让当地骨干教师深入了解2022年版《义务教育数学课程标准》，准确了解学科特点，立足学生核心素养发展，把握教学的准则、尺度与方向．

2021 年 12 月，结合落实国家"双减"政策工作和《广东省推动基础教育高质量发展行动方案》，本人积极参与江门市教育局、江门市教育学会联合开展的"学党史，办实事——融入式帮扶农村义务教育学校"（台山站）主题实践活动，并到台山市斗山镇任远中学进行现场示范教学，执教示范课《反比例函数》．本课教学设计中，融入省级课题"基于支架式教学下初中数学课堂教学的实践研究"，通过"搭建支架，引入概念""展开支架，形成概念""活用支架，深化概念""巧用支架，巩固概念""撤销支架，反思内化"五个环节，全方位把脉农村义务教育学校的课堂教学，为农村义务教育学校数学学科教师提供可视化、可借鉴的学习课例．

我的教学思想——追求"情意数学"教学

　　"情意"源于本人 21 年来对初中数学教学的实践探索.2018 年、2020 年和 2021 年我先后参加了广东省名教师工作室省级学员跟岗培训、江门市第五批名教师培养项目学员培训、广东省中小学"百千万人才培养工程"省级培养项目学员培训，培训中强调了对自身的教学实践进行反观、省思.我将培训的理念和指引外化为行动，向教育教学专家虚心求教，与同事和同伴共同研讨学习，确立了"情意数学"教育教学思想；在具体实施中，与区名师工作室学员围绕"情意数学"核心理念和方法，组建学习共同体，集体研讨和学习，探索从"情意数学教学"到"情意数学教育"的有效实践路径.

　　"情意"，《现代汉语词典》的解释为"感情深厚"，"情意数学"中的"情"就是情感、情境和情绪，"意"就是意境、意蕴和意义."情意数学"课堂教学，立足学生核心素养的发展，基于数学眼光、数学思维和数学语言三个维度，探索真实情境、问题导向的互动式、启发式、探究式、体验式课堂教学方式，逐步形成从数学角度观察现实世界的意识与习惯，发展好奇心、想象力和创新意识；形成重论据、有条理、合乎逻辑的思维品质，培养科学态度与理性精神；形成数学的表达与交流能力，发展应用意识与实践能力，凸显学生主体地位，关注学生个性化、多样化的学习和发展需求，以学科核心素养发展为指向，助推课堂从"浅层学习"走向"深度学习".

　　"情意数学"的内涵聚焦"深究细研，思维灵动"，以"情"为根，以"意"为源，以更好地落点于"情"与"意"的彼此融合、相助、促进，激发学生学习兴趣，引发学生积极思考，鼓励学生质疑问难，引导学生在真实情境中发现问题和提出问题，利用观察、猜测、实验、计算、推理、验证、数据分析、直观想象等方法分析问题和解决问题；培养学生主动学习、独立思考、动手实践、自主探索、合作交流，促进学生理解和掌握数学的基础知识和基本技能，体会和运用数学的思想与方法，获得数学的基本活动经验；培养学生良好的学习习惯，促使学生形成积极的情感、态度和价值观，逐步形成核心素养．情意数学聚焦于更"有情意的教与学"，追求"有情意的数学教育"．

"情意数学"的课堂，以支架式教学为理论基础，开展初中数学课堂深度学习的实践研究，以单元教学为主题统领深度学习，学生学习能力与合作能力表现为"三动"：互动，主动、灵动．支架式教学下以数学问题链设计指向深度学习，学生认知能力与创新能力表现为"七会"：会提问、会自学、会展示、会评价、会质疑、会讨论、会总结．支架式教学下以单元教学为主题统领深度学习，教师教学能力表现为"三能力"——问题转化能力、问题处理能力、及时评价能力，并得到迅速提高．支架式教学下以数学问题链设计指向深度学习，课堂文化表现为"一生成一发展"：课堂生成自然，思维个性发展．

我的教学风格——以情触教，以艺深雕

具有自己独特的教学风格是名师的标识，从教 21 年，从初出茅庐的新教师，逐步凝练出"以情触教，以艺深雕"的教学风格.

一、以情触教，善导勤诱

"动人心者，莫先乎情. 情不深，则无以惊心动魄. "以情触教，将情感贯穿于教学的各个环节，以情激发学生的创造性思维、发散性思维，并以此去感染学生，拨动学生心弦，这对提高课堂教学质量具有重要作用. 我相信，真教育是师生相互呼应的活动，教师只有从内心出发，才能从心灵深处打动学生. 教师其身不凌驾学生之上，而融于学生之中；其心不孤高自傲，走进学生心灵之中与学生心心相通；其所施，不欲独霸课堂，把学生推上主人的地位，犹如春雨般渗入学生心田，润物细无声，给人以心旷神怡的感受.

在课堂中，我会以打磨艺术品的心态去上好每一节课，特别注意挖掘艺术情感型教材中的情感因素、形象因素，设置与教材相应的情境，教学语言富有形象性、鼓动性和感染力；对学生态度热情、真挚；性格开朗，情感奔放，风度潇洒. 在反思、总结、提炼中表达出自己的教学风格，促进自己成长为具有领军地位和发挥示范作用的专家型教师.

在教学中，我善导勤诱，举一反三，点拨开窍，灵活处理教材，从学生实际出发，切中时机地提出富有启发性的问题，巧妙点拨学生的"悱""愤"之处；能循循善诱，启迪思维；尊重学生的意见，促进学生发现学习，使学生有疑而入，无疑而出；教学语言精练，谐趣；能画龙点睛，一语破的，使学生明规律、得方法；教学风度挥洒自如.

在学习中，我营造轻松、民主、互通的课堂氛围，注重学生的独立性和参与性，给予每一位学生充分的选择机会和可发展的空间，善于发现学生的闪光点，多给予表扬和鼓励，促使其形成良好的、稳固的学习习惯，走进学生的情感世界，倾听他们的心声，理解他们的学习，真诚地多给予关注和关心，发现问题及时了解情况，学生能自己解决的则鼓励和指导学生自己解决，学生解决不了的则及时提供帮助．

二、以艺深雕，激趣引思

教学不仅仅是简单的"传道、授业、解惑"，还是一门复杂、高超、具有特殊性的艺术——培养人才的艺术，即"教学艺术"．以艺深雕，用工匠之心雕刻艺术之美，教学本身是一种艺术，艺术最本质的东西是以情动人，我以打磨艺术品的心态上好每一节课，情绪饱满，讲到动情之处，甚至慷慨激昂，扣人心弦，撼人心灵，使学生产生强烈的情感共鸣，共同营造出渴求知识、探索真理的热烈气氛，学生在获取学科知识的同时，也得到了人格和情感上的陶冶．

在设计中，我注重搭建深入浅出、条理清楚、层层剖析、环环相扣、结构严谨的框架，注重用思维的逻辑力量吸引学生的注意力，用理智控制课堂教学进程，用激情培养学生对数学的热情，重视创造性思维的培养，讲究教学思路有创新、教学设计有创意．在教学方法上，常常是新意迭现，彰显了教师教学的活力和魅力，体现了教师对教材的独到见解、对规律的正确把握、对突发问题的灵活处理等方面的睿智和聪慧．

在导学中，我追求自然流畅，讲究随势而为，因势利导，注重激趣引思、随着学生的思维活动组织教学；能营造和谐氛围，倡导有效参与，使学生的学与教师的教暗合共鸣，形成教学合力．课堂教学追求真情境、真情、真实，力图在抽象的数学内容中还原直观的意义．从教学习惯来讲，较多地采用对话式教学，重视讲清讲透，强调追问中自然形成真理性认识，体现原生态的数学味．

在讲授中，我充满着机智，各种教学方法、技巧信手拈来，运用自如，恰到好处，丝毫没有雕琢的痕迹．整个课堂教学的结构就像一个设计好的程序，过渡自然，组织严密，搭配合理，有条不紊，体现出教师对各种教学方法的合理运用和对重点、难点知识的准确把握．这是一种高效率的教学风格，是教师课堂教学所追求的一种境界．

我的教学主张——支架式教学下"深究细研，思维灵动"的深度课堂

作为一名初中数学教研员，引领全区的"教练员"，我深知：要想提高全区的教学质量，务必先提升教师队伍的业务素养．结合本区教学实际，"三线"联动，打造名师团队，联动省级课题组成员、片区教研组组长、区名师工作室成员，我提出了"深究细研，思维灵动"教学主张，助力全区师生数学素养提升，提高教师的数学教学水平，推动教师实现自我价值．

一、深究细研，构建支架式教学

深究细研即深入研究，仔细钻研，以严谨的科学态度，孜孜不倦地研究探索．采用支架式的课堂结构，以"五步五环"教学法为载体，立足于学生最近发展区，利用思维导图引领学生构建知识体系，通过搭建支架，从基础知识着手，带动学生回顾知识，夯实能力，借助支架，提炼解题的方法与技巧，由易到难直逼学生眼球．活用支架部分，基于课标要求和学情达成度，精心研判、规划、设计、反馈教学内容，最后撤销支架，让学生感悟数学思想，把书本知识纳入自己的认知系统中．

"深究细研"构建支架式教学育人新模式，使数学走出常规，走进生活，走向应用，走向大众数学之路，形成人人学有价值的数学的新路径，立足数学基础，更新教学观念，聚焦发展学生核心素养，研出精彩、研出创新、研出水平、研出新高度！利用数学解决实际问题，挖掘数学教材内容，深入、拓展探索．构建支架式教学新视角，凸显应用，成果丰厚，从生活到数学，从数学到生活，对课本知识进行拓展与延伸，弘扬传统文化，研究社会热点，结合课堂，落实"双减"，丰富"双减"下的数学课堂形式．

二、思维灵动，达到深度学习效果

思维灵动即善于迅速地发现和解决问题的思维特征，不呆板，富于变化，表现在观念的流畅性、表达的流畅性和联想的流畅性等方面．通过教师提供学习支架或师生共同构建支架，以单元为主题递进式学习、以数学问题链为基本指向、以数学思想为基本线索，达到课堂深度学习效果．让学生在掌握数学知识的同时形成科学数学观，改变学生对数学刻板、冰冷、枯燥等的消极看法；理解数学，提高数学思维能力；让数学学习自然、顺利，提升学生的学习兴趣，让学生感受趣味性、领悟数学的美、获得一种情感上的熏陶和共鸣，课堂设计灵活，思维方法变化灵活，学生学习活跃；技能生成多，正确率提升，课堂容量大且成效快．

将思维作为数学课堂的主线，用灵动的教学语言、教学手段、教学方法构建课堂立体桥梁，点燃学生对数学学科的热爱，让学生逐步会用数学的眼光观察现实世界、会用数学的思维思考现实世界、会用数学的语言表达现实世界，主要表现为抽象能力、运算能力、几何直观、空间观念、推理能力、数据观念、模型观念、应用意识、创新意识九个方面素养的提升．引导教师积极探索基于情境、问题导向、深度思维、高度参与的教学模式，推动教育教学改革、提高学生综合素质、促进学生全面健康成长．

同时，结合省级课题"支架式教学、深度学习"两个关键词，使课堂教学做到问题有价值、支架有梯度、目标有评价、思维有深度，教学过程中不满足于题目本身的解决，要开展对题目进行改编、整合、延伸的变式教学，以题为载体，依次推进数学内容的反思建构、数学思维的探索表达、解题模式的认知形成，以支架式教学为框架层次递进，达成培养学生数学核心素养的目标，让"教、学、评一致性"过程性评价落实到位，结合科学评价落实学生深度学习．

理论篇：
与深度学习支架教学同行

支架教学——打开思维　启智增慧

一、支架教学理论发展

（一）支架教学的产生

"支架式教学"最初产生于探索父母如何帮助孩子表达自己的研究，近年来，国内外许多学者都对支架式教学的实际运用效果进行了系统研究，并且结合具体的研究情境，进行了必要的补充和改进．

卡茨登（Cazden，1979）曾明确指出，支架式教学具有广泛的适应性，当其作用于儿童的"最近发展区"时，它能够用于许多日常班级教学活动，从而促进儿童"最近发展区"的发展．在支架式教学中，更有能力的他人为学习者的发展提供了支架和支持，支架促进了学习者在原有知识基础上内化新信息．梅斯特等（Rosenshine & Meister，1992）认为正是由于更有能力的他人为学习者提供了支架和支持，学习者才能完成他们无法独立完成的任务，从而跨越"最近发展区"，支架将儿童独立活动的水平与在更有能力的他人的支持下活动的水平之间的差距联系起来．

研究表明"支架式教学"在促进儿童认知发展、学习能力提高方面具有一定的作用，是帮助儿童掌握问题解决技能的重要教学方法．

例如，罗伯茨等（Roberts & Barnes，1992）研究发现，四五岁的儿童在标准智力测验成绩上最好的预测，就是父母亲的"距离策略"以及支架的方法．帕茨费茜等（Pacifiei & Beariaon，1991）研究发现，儿童在与一个会小心运用支架、帮助他们解决问题的成人一起活动时，学得更多，其成绩要比他们与父母合作的成绩还高．戴茨和同事们（Diaz，Winsler & Montero，1994）研究发现，支架行为能帮助儿童借着扩大使用自言自语来发展自身的认知技巧，他们发现，如果儿童在支架下使用自言自语，会比那些始终不开口的儿童有更多的机会在接下来的活动中取得成功，他们认为，很明显，这些儿童在很积极地运用自言自语，从大人身上将问题解决的知识和责任转移到自己身上来．麦卡斯（McCarthy，1992）发现，学前儿童所使用的问题解决策略和自言自语的类型，跟先前母亲在支架阶段所强调的口语策略是非常相似的，而当这种口语策略是积极正向的时候，它必然会为儿童的学习提供较好的模仿的榜样．

从研究结果来看，以上研究都表明支架式教学对于促进孩子的发展有着非常重要的作用．

（二）支教式教学表现为一种教学策略

关于教学策略，欧共体"远距离教育与训练项目"的有关文件做了详尽的阐述，支架式教学应当为学习者提供并建构对知识理解的一种概念框架，这种框架是发展学习者对问题的进一步理解所需要的，为此，事先要把复杂的学习任务加以分解，以便于把学习者的理解逐步引向深入．

迪克森等（Dickson，Chard & Simmons，1993）提出，支架式教学是系统有序的，包含了提示性的内容、材料、任务以及相应的教师为改善教学所提供的支持．罗森赛恩等（Barak，Rosenshineecarla & Meister，1992）认为，支架式教学是教师或更有能力的同伴为帮助学习者解决独自不能解决的问题，即帮助学习者跨越当前水平和目标之间的距离而提供帮助、支持的过程．伍德等人认为，支架式教学是一种新手在更有能力的他人帮助下解决问题、完成任务或达到他们在没有支持的情况下不能达到的目标的过程．斯南文（Slavin，1994）指出，支架式教学是教师引导教学的进行，使儿童掌握、建构和内化所学的知识技能，从而使他们进行更高水平的认识活动的过程．

国内许多学者比较认同的是，"支架式教学"是指教师引导着教学的进行，使学习者掌握、建构和内化所学的知识技能，从而使他们进行更高水平的认知活动．简言之，是通过支架（教师的帮助）把管理学习的任务逐渐由教师转移给学习者自己，最后撤去支架．在实施"支架式教学"时，可以是先由教师将学习者引入一定的"问题情境"，并提供可能获得的工具，然后由教师为学习者确立目标，用以引发情境的各种可能性，让学习者进行探索尝试，这个目标可能是开放的，但教师会对探索的方向有很大影响，其可以给予学生启发引导，可以做演示，提供问题解决的原型，也可以给学习者反馈等，但要逐渐增加学习者自己对问题探索的成分，最后，教师要逐步地让学习者自己去探索，由他们自己决定探索的方向，选择自己的方法，这时，不同的学习者可能会探索不同的问题．

（三）支架式教学是一种教学模式

支架式教学是建构主义三种教学模式（抛锚式教学、支架式教学、随机进入式教学）之一，在教学上的应用已经有40多年历史，已经形成了比较成熟、稳定的五个教学环节，即搭建脚手架、进入情境、独立探究、协作学习、总结与评价．

第一，搭建脚手架：围绕当前学习主题，按"最近发展区"的要求建立概念框架．

第二，进入情境：将学生引入一定的问题情境（概念框架中的某个节点）．

第三，独立探索：探索内容包括确定与给定概念有关的各种属性，并将各种属性按其重要性大小顺序排列．探索开始时要先由教师启发引导（例如演示或介绍类似概念的过程），然后让学生自己去分析，探索过程中教师要适时提示，帮助学生沿概念框架逐步攀升，起初的引导、帮助可以多一些，以后逐渐减少，并渐渐地放手让学生自己探索，最后要争取做到无须教师引导，学生自己便能在概念框架中继续攀升．

第四，协作学习：进行小组协商、讨论，讨论的结果有可能使原来确定的、与当前所学概念有关的属性增加或减少，各种属性的排列次序也可能有所调整，还会使原来多种意见相互矛盾且态度纷呈的复杂局面逐渐变得明朗起来，在共享体思维成果的基础上达到对当前所学概念比较全面、正确的理解，即最终完成对所学知识的意义建构．

第五，总结与评价：对学习效果的评价包括学生个人的自我评价和学习小组对个人的学习评价，评价内容包括：

（1）自主学习能力．

（2）对小组协作学习所做出的贡献．

（3）是否完成了对所学知识的意义建构．

这五个环节浑然一体，强调了教学中的主客体关系，使学生的主体地位得到充分体现，而教师在这个过程中也充分地体现了自身的主导性．

二、支架教学策略

（一）知识点、知识板块、知识网络的支架策略

数学是由一个个知识点串联起来的，学生在学习每个新知识点时都会存在

困难，根据学生已有的知识水平和能力，搭建有效的支架是教学的关键．一个知识点的支架教学模式，由以下几个环节组成：框架性支架搭建、问题性支架设置、使用支架、小组合作交流、成果汇报．这种模式适合一堂课的教学，围绕某一个知识点的内容展开，它将监控学习和探索知识的责任由以教师为主向以学生为主转移，突出了学生学习的自主性，有利于培养学生的学习能力，与新课标"以学生为主体"的理念相符合．

一个知识板块的支架式教学策略：初中数学教材结构的逻辑性、系统性强，在教材知识的衔接上，前面所学的知识往往是后面所学知识的基础，环环相扣，一个知识点螺旋上升形成一个知识板块，这种知识板块的内容一般比较分散，实现跨章节知识板块的支架教学，最重要的就是紧紧抓住贯穿前后这个知识点，在相应位置设置接口，同时在后续对应知识的学习中，要与前面的接口实现对接，前后呼应螺旋式递增地形成一个知识板块．

一个知识网络的支架式教学策略：初中数学知识可以划分为一个个的板块，这些板块之间不是孤立的，它们相互关联，形成一个知识网络，如三角形、全等三角形、轴对称、相似三角形、直角三角形与三角函数．这种板块之间知识交错，彼此关联，如果将它们组建成知识网络对学生的综合能力是很大的挑战，教材在对它的处理中也充分地做好连接与铺垫，使之彼此呼应，因此，一个知识网络的支架式教学就是建立各个知识板块之间的双向连接．

寻找一个支架，降低教师设计的问题的难度，让学生对问题的解决有章法，同时使教师的问题设计更具有效性，成为数学新课标理念成功实施的重要环节．

（二）"五何"支架策略

所谓"五何"，是指"是何（事实性）、为何（推理性）、如何（应用性）、若何（探究性）、由何（创造性）"．

利用"五何"问题支架扩大问题的探究空间．认知心理学家一般将问题分为两大类：具有明确解决方法的问题称为"良构问题"，而那些不具有明确解决方法的问题称为"劣构问题"．良构问题一般具有可知的求解方法，有正确、统一的答案，即标准答案．解决这类问题主要依靠陈述性知识，所需学习技能只限于用到相似的问题类型，缺乏迁移；学习者只需进行简单的记忆；事实性问题（仅通过查找资料即可获取标准答案）不具有或具有较小的探究空间．在"五何"问题中的"是何""为何"类问题，一般属于良构问题，这类问题通常只作为辅助数学教学展开的问题，不能作为教学的重点内容，不能成为数学探究的对象．劣构问题是指界定不明确，具有多种解决方法或途径，需要学习者自己做出判断的问题．解决劣构问题需要大量的陈述性知识和经验，需要使用分析与综合、类比与推理手段．因此，中学数学教学中的探究对象与研究性学习的目标，一般以解决劣构问题为指向．"五何"问题中的"如何""若何""由何"均属于劣构问题或介乎良构问题与劣构问题之间的中构问题．因此，运用"五何"分类法可以较清楚和方便地厘清问题的性质，判断哪一个问题适合进行探究性学习或研究性学习．

利用"五何"问题支架发展学生的高阶思维．所谓高阶思维，是指发生在较高认知水平层次上的心智活动或认知能力，它在教学目标分类中表现为分析、综合、评价和创造．高阶思维是高阶能力的核心，高阶能力主要指创新能力、问题求解能力、决策力和批判性思维能力．研究表明，研究型学习方法和问题求解活动等有利于发展学习者的高阶思维能力．在中学阶段，限于繁重的学业负担，为发展学生的高阶思维能力而开设专门的、单独的课程是不现实的，还是应当寄托于课堂的主阵地中，以融合于具体数学教学活动的方式，创设学习环境，精心设计高阶学习的问题和任务，促进高阶思维发展的知识建构．构建这种学习环境的核心环节是让学生明白为什么而学的"疑问、困惑"，关于这一点，"五何"中的"由何"就可以做到：用"由何"的方式给学习者创设一个接近于真实的、复杂的、具有挑战性和吸引力的交流话题，暗示学生接下来的学习对于完成这个富有挑战性的任务至关重要．

（三）问题串支架策略

问题串是指在一定的学习范围内或者教学主题内，围绕一定的目标，按照一定的逻辑结构精心设计的一组问题．使用问题串进行教学实质上是引导学生带着问题或任务进行积极的自主学习，由表及里、由浅入深地自我建构知识的过程．问题串教学法就是围绕着探究目标，通过设置一系列有针对性的问题引导学生自主学习，教师在了解学生反应的基础上，采用有效指导，促进学生不断达成探究目标的一种有效的方法．

问题串的设计要建立在学生的实际发展水平上，设计要从易到难，第一个问题要难易适度，要符合学生的认知水平，过难会使学困生望而生畏，过易则会失去意义．我们要明白，问题串的作用在于在已知区与未知区间起桥梁作用，支撑学生在原有的认知水平上，"跳一跳能摘到发展区的桃子"．但是实际教学中，同一班级的学生在智力水平、性格、兴趣、能力等方面都具有较大的个体差异．以往针对中等生的问题，往往忽略了一部分学困生和优等生，使得一部分学困生一开始就进入不了状态，因为所有问题对他们来说几乎就是天书，有可能一节课几乎毫无收获，久而久之可能就会使其对学科的学习失去兴趣与信心，而对优等生来说，他们也是收效甚微，这不符合数学新课程要"面向全体学生"的要求．所以设计问题串时要考虑这一点，要在一定程度上改变以上状况．要让学困生通过自己的思考或通过与优等生进行简单的交流能做出回答，使学困生在第一个问题获得信心，进而为顺利地为进入第二个问题做好积极的心理准备、能力准备，而优等生在交流过程中锻炼了口才，提升了语言交际能力，也会有所得，也为独立地进入第二个问题奠定基础，并在第二个问题的交流中获得了更大的信心，一般来说，问题串的第三个或第三个之后的问题，是让优等生弄懂并教会学困生，不仅是学习技能上的问题，还是讲演能力上的问题．如此，一节课下来，不管学生基础如何，都能在课堂上有所收获．

（四）"留白"支架策略

支架教学提倡在解决教学问题时，要注意给学生提供足够的学习支架，另外学生内化这种支架作用时，往往需要一定的时间，需要教师耐心地等待，我们把这种等待时间叫作"留白"策略．留白的设计，并不是对部分知识的舍弃，而是通过空白的设计去调动学生思维的主动性与积极性，通过自己的探索研究获得空白处的内容，从而达到对知识的掌握．

在时间上留白，留给学生自由活动的时空，他获得的不仅仅是一个问题的解决、一种方法的掌握，而是一个人从总体意义上对科学活动的领悟．教师在讲解完一道题或一个小节内容后，应留点时间让学生静下心思考，梳理一下思路，记录重要的知识，看看前方的路，这才是提高学生思考问题、处理问题的能力和培养良好学习习惯的有效方法，只有当学生真正领悟到什么，我们的教学才是有效的．

在内容上留白，教师在课堂上处理重难点内容时，自己不直接详细讲解，而是精心设计问题，让学生自己去探究，合作学习，直到解决问题．苏霍姆林斯基曾说过："有经验的教师往往只是微微打开一扇通向一望无际的知识原野的窗子．"教师在设计问题制造悬念后留白，可以激发学生的学习兴趣和强烈的求知欲.

在评价上留白,暂时性的不评价,把学生的自评与互评权还给学生.教师在有思考价值、有争议的问题上,不要直截了当地对学生的回答做出"对"与"错"的评判,而应该将评价的时间推迟,给其他学生发表意见的机会,给学生一个自由思考的空间,让学生在和谐的气氛中驰骋想象、畅所欲言、相互启发,从而使学生获得更多、更美好的创新灵感,使个性思维得到充分的发展.

三、支架教学的价值意义

(一)为学生"学会"搭建支架

课堂教学以"学会"为目标,以"会学""乐学"为终极目标.从学生的视角来看,"学会"可以通过多个途径,但究其根本无外乎有两种方法:其一是从教师那儿或书本或各类媒体中获取信息.其二是对获得的信息进行精致加工,如将新接收到的信息从短时记忆转换成长时记忆,便于及时提取;如将单个新学的概念同化到原有的概念网中,使之结构化;如将两个及两个以上看似不相关的信息整合在一起,形成新的知识;等等.那么,新定位的教学方案,会立足学生已有知识和经验,模拟、设计学生的学习经历,重视学生自主建构,让学习过程"看得见";重视知识的条件化、情境化、结构化,从而引导学生实现对知识的深度理解;根据学情,在学生的疑难点、困惑处搭建支架,或者分解步骤降低难度,或者提供辅助信息,帮助学生实现信息的自我加工和自主建构,从而达到"学会"的目标,这与只关注教师如何传递或呈现信息,即怎样教的传统教案相比是大相径庭的.

另外,教学方案还应该兼顾学生的客观差异,分层设计学习活动,设置分难度的评价任务,让不同能力水平的学生经历不同的学习过程,这有助于解决课堂教学中普遍存在的"虚假学习""游离学习"的问题,实现在课堂情境中最大化地"在学习""真学习".

(二)支架精简,突出核心

支架的搭建需要体现精简原则,要围绕核心问题来设计,精心挑选,精练简要,言简意赅.每节课上问题支架的设计都要精准,不宜过多,体现少而精的特点,让学生留下真实的学习痕迹,如果内容难度较高,一节课设计 1~2 个核心挑战性问题,提供支架让学生能够对这个核心问题进行深度思考,自主解决，并能够理解这个问题中包含的意义和价值．每一个问题都可以进一步深挖，支架精简，有利于学生思维的充分展开，完整地经历识别问题、分析问题、解决问题、自我反思的全过程，对于学生深度理解问题和解决问题，学会学习是大有裨益的．确定最为核心的学习任务，这需要教师对学科本质进行充分的研究，深刻理解知识内容及相互间的关系，同时充分了解学生的原有知识基础、生活经验、学习困难与认知策略等，从而找到两者之间最为恰当的结合点，并将其巧妙地设计成学习任务．此外，学习设计要同时考虑如何将学习方法的指导、学具的研发、学习者之间互动关系的创建、学习过程中新内容的生成与利用等问题，从而让学生们对学习内容感兴趣，掌握学习的方法，与他人互动的方式，提升发现问题、解决问题的能力等，从而成长为成熟的学习者．

（三）引发学生深度学习

从本质上来说，支架设计是对学生学习方式的引导，要以设计引导学生参与到学习中来，使学生学会学习并逐渐获得自由探索和学习的能力．最初的问题支架设计，以基础性任务为主，教师能够把握教学的核心内容，当学生学习能力有所提升时，要进一步增加挑战性的问题，最终走向创造性的活动，即基础任务、挑战任务、创造活动．把学生的想法、疑问、探索作为问题支架最基本的依据和内容，通过各种细致、有趣、吸引人的支架设计来吸引学生的注意力，教师提供机会给予支持，搭建平台，让学生体会到探索的乐趣，获得学习的心灵体验．同时，让学生从被动参与过渡到主动参与，再到自由探索．

当要激发学生的学习兴趣和探究欲望时，就要设计有趣且有挑战的核心问题．问题支架要与学生日常生活相联系，并直接体现学生可能感兴趣的自然和社会领域中的热点问题．问题支架的呈现能引发学生的认知冲突，让学生感受到心智挑战，形成自主探究的内在推动力，而不仅仅是找到唯一的、确定的答案．核心问题的目的是刺激思考、引发探究，并激荡出更多的问题，包含学生细思推敲出来的问题，而非导向既定的答案，它们具有挑战性和衍生性，学生在处理和思考这样的问题时，会逐步揭露与发现一个主题的深度和丰富性．问题支架的设计要具有比较明显的开放性，让学生能够根据自己学习的需求和水平，不断去深化和拓展，这样可以激发学生的深度思考，让学生呈现多元的思考方式和学习成果，也可以给学生充分的学习时间，让每位学生根据自己的步调来学习，不浪费任何层次学生的时间，使每一位学生都能充分感受到自主探索与协同合作的乐趣．

（四）助力数学学科核心素养培养

《义务教育数学课程标准（2022 年版）》明确提出：义务教育数学课程应使学生通过数学的学习，形成和发展面向未来社会和个人发展所需要的核心素养．核心素养是在数学学习过程中逐渐形成和发展的，不同学段发展水平不同，是制定课程目标的基本依据．课程目标以学生发展为本，以核心素养为导向，进一步强调学生获得数学基础知识、基本技能、基本思想和基本活动经验，发展运用数学知识与方法发现问题、提出问题、分析问题和解决问题的能力，形成正确的情感、态度和价值观．课程目标的确定，立足学生核心素养发展，集中体现数学课程育人价值，数学课程要培养学生的核心素养，主要包括以下三个方面：

1. 会用数学的眼光观察现实世界

数学为人们提供了一种认识与探究现实世界的观察方式．通过数学的眼光，可以从现实世界的客观现象中发现数量关系与空间形式，提出有意义的数学问题；能够抽象出数学的研究对象及其属性，形成概念、关系与结构；能够理解自然现象背后的数学原理，感悟数学的审美价值；对数学产生好奇心与兴趣，主动参与数学探究活动，发展创新意识．

2. 会用数学的思维思考现实世界

数学为人们提供了一种理解与解释现实世界的思考方式．通过数学的思维，可以揭示客观事物的本质属性，建立数学对象之间、数学与现实世界之间的逻辑联系；能够根据已知事实或原理，合乎逻辑地推出结论，构建数学的逻辑体系；能够运用符号运算、形式推理等数学方法，分析、解决数学问题和实际问题；能够通过计算思维将各种信息进行整合，进行问题求解与系统设计；形成重论据、有条理、合乎逻辑的思维品质，培养学生的科学态度与理性精神．

3. 会用数学的语言表达现实世界

数学为人们提供了一种描述与交流现实世界的表达方式．通过数学的语言，可以简约、精确地描述自然现象、科学情境和日常生活中的数量关系与空间形式；能够在现实生活与其他学科中构建普适的数学模型，表达和解决问题；能够理解数据的意义与价值，会用数据的分析结果解释和预测不确定现象，形成合理的判断或决策；形成数学的表达与交流能力，发展应用意识与实践能力．

深度学习——实现高阶思维　走向核心素养

一、深度学习的内涵

在信息技术飞速发展和国际竞争日益激烈的今天，学校到底应该培养什么样的人才？如何才能让学生自如地面对未来的学习、工作及生活？在这一系列的思考与追问下，国内外许多学者开始提出并关注"深度学习"这个概念．

（一）与世界同行，深度学习相关研究借鉴

关于深度学习的研究历程，世界各国的研究者不约而同地使用"深度学习"来表达对学生学习的新见解．1976 年，瑞典哥德堡大学教育学院教授马飞龙（Ference Marton）和罗杰·塞里欧（RogerSäljö）基于对学生学习过程的研究，发表了《学习的本质区别：结果和过程》一文，首次提出并阐述了深度学习（Deep Learning）与浅层学习（Surface Learning）这两个相对的概念．他们请学生阅读一篇学术文章并告知其读后要回答一些相关问题，结果发现有些学生把文章看作零散的信息单元，猜测可能提出的问题并努力记住相关信息，即"浅层学习"；另一些学生则把文章视为包含意义结构的东西，因此会搜寻文章主要关注的问题，思考文章的含义以及对自己的意义，即"深度学习"．研究表明，采用深度学习方法的学生对文章的理解更透彻，能更好地回答问题，并且能更有效、更持久地记住相关信息．

随后，约翰·比格斯（John Biggs）等多位学者对深度学习进行了研究，他们的基本共识是：浅层学习是对零散的、无关联的内容不加批判地进行机械记忆，学习内容脱离生活实际，与学生以往的经验缺乏关联，学不致用；而深度学习则是对学习内容积极主动的理解、联系和结构的建立、基本原理的追求、相关证据的权衡、批判反思和应用．

近年来，深度学习的研究与实践在世界范围内引起高度重视，尤其是在美

国和加拿大等国．美国卓越教育联盟（The Alliance For Excellent Education）于2011年5月发布的名为《深度学习的时代：让学生为变化的时代做准备》（*A Time for Deeper Learning：Preparing Students for a Changing World*）的报告中指出，深度学习并不新鲜，它是那些优秀教师的常态化教学行为，即以创新的方式将丰富的核心知识传递给学生，因此核心知识是学习过程的中心．深度学习要培养的是学生了解和掌握学科核心知识的能力、运用这些知识进行批判性思考和解决复杂问题的能力、与同伴开展有效合作的能力、借助适当的媒体进行交流的能力，以及自我指导和反馈的能力．

格兰特·威金斯（Grant Wiggins）等美国学者于1998年主持的"追求理解的教学设计"（*Understanding by Design*）项目中，直接从"理解"的角度来阐述何为深度学习，认为深度学习就是让学生能够实现对学习内容的理解．与此同时，他们还将"理解"分为六个不同的维度，包括解释、释义、运用、洞察、移情和自我认识，每个维度都对学生学习后能够达到的要求进行了详细阐述．

加拿大著名学者迈克尔·富兰（Michael Fulan）提出的如何在技术富有的社会中实现真实有效的教与学活动的"新教学论"，将目标指向通过深度学习促进学生能力、态度的改变．富兰的新教学论主要由三个核心要素构成：一是师生之间新型的学习伙伴关系；二是深度学习的任务，这些任务能重构学习过程，由此驱动知识的创造和目的性应用；三是能够加速深度学习进程的数字化工具与资源．

（二）我国专家团队对深度学习的理解

虽然近年来对深度学习的高度关注主要源自西方学者研究成果的介绍与传播，但其实，我国传统的学习智慧中充满着深度学习的思想．譬如，孔子的"知之者不如好之者，好之者不如乐之者"（《论语·雍也》），强调学习要有高动机、高投入；"学而不思则罔，思而不学则殆"（《论语·为政》），强调学习要有高认知参与；荀子的"君子之学也：入乎耳，着乎心，布乎四体，形乎动静"（《荀子·劝学》），强调具身学习的路径；《中庸》把学习的过程概括为五个步骤，即"博学之，审问之，慎思之，明辨之，笃行之"，强调从学到习的深化与学习方式的多样．这些论述充分体现了我国古代深度学习思想的高度与深度．

党的十八大明确提出"把立德树人作为教育的根本任务".2014 年 3 月，《教育部关于全面深化课程改革落实立德树人根本任务的意见》强调把课程改革作为落实立德树人根本任务的一个重要抓手和突破口，并首次提出要研究制定学生发展核心素养体系，把核心素养的培养落实到各学科教学中，通过深度学习教学改进项目的实施，推动课堂教学关系的深度调整和人才培养模式的重大变革，引领教学理念、教学方式、评价体系、教学组织管理制度等全方位的变革.

相较国外研究，我国的"深度学习"教学改进项目对深度学习的理解更为全面、更富实践性.深度学习是指在教师引领下，学生围绕着具有挑战性的学习主题，全身心积极参与、体验成功、获得发展的有意义的学习过程.在这个过程中，学生掌握学科的核心知识，理解学习的过程，把握学科的本质及思想方法，形成积极的内在学习动机、高级的社会性情感、积极的态度、正确的价值观，成为既具独立性、批判性、创造性又具有合作精神的、基础扎实的优秀学习者，成为未来社会历史实践的主人.

深度学习既聚焦学生发生深度学习后所获得的学科核心素养和合作、创新、公民、实践等能力素养，同时又指出了深度学习发生的机制.深度学习是落实立德树人根本任务、实现学生核心素养发展的重要途径.2014 年，国家将全面深化课程改革作为新时代落实立德树人根本任务的标志性工程，组织制定中国学生核心素养发展体系，把培育学生核心素养作为基础教育课程改革新的目标追求.在全面深化课程改革的大势之下，"深度学习"教学改进项目应运而生.

（三）初中数学深度学习的内涵

初中数学深度学习是指在教师引领下，学生围绕具有挑战性的数学学习主题，全身心积极参与、体验成功、获得发展的有意义的数学学习过程.在这个过程中，学生开展以从具体到抽象、运算与推理、几何直观、数据等为重点的思维活动，获得数学核心知识，把握数学的本质和思想方法，提高思维能力，发展数学学科核心素养，形成积极的情感、态度和正确的价值观，逐渐成为既具独立性、批判性、创造性又有合作精神的学习者.初中数学深度学习的教学设计重点在于通过精心设计问题情境和学习任务，引发学生的认知冲突，促进学生进行深入思考，关注对学生的形成性评价.

初中数学深度学习是对数学知识本质的理解，对知识内在联系的认识和整体把握；而不只是对数学知识零散的记忆和堆砌、技能的熟练和重复；让学生在经历知识产生的过程中体会其中的数学思想方法，形成数学的思维方式，并尽可能地将数学的知识方法与现实问题建立联系，利用数学知识解决现实问题；而不只是对数学概念、命题等结果性知识的掌握；让学生主动参与、积极探索，经历数学知识"再发现"的过程，即在不断反思、质疑和应用中对学习对象进行深度加工的过程；而不是一蹴而就、被动接受的学习过程；让学生在丰富的数学学习活动中形成积极的情感体验和对数学价值的正确认识，而不是只看到书本上"冰冷"的概念、公式及抽象的数学符号和图形.

　　初中数学深度学习不仅需要学生了解一个数学研究对象是怎样获得的，还要学习如何对它展开进一步研究，如它的多种表征、它与其他相关数学研究对象间的关系、它蕴含的规律和性质以及对它的应用. 在这个学习过程中，获得数学的基础知识、基本技能、基本思想、基本活动经验，提高发现问题和提出问题、分析问题和解决问题的能力，发展数学学科核心素养.

二、深度学习的特征

　　深度学习是对数百年来优秀教学实践及理论研究成果的升华与提炼，是对一切浅层学习、表层学习、机械学习的反动（深度学习与浅层学习的比较如表1），是超越生理学、心理学的社会活动. 任何教学活动，都要处理教师、学生、知识等教学核心要素间的关系. 以下五个方面，既是深度学习的特征，也是深度学习如何处理教学活动各要素间关系的具体体现. 因此，这五个特征也可以作为深度学习是否发生的重要判据.

表1

项目	深度学习	浅层学习
记忆方式	强调理解基础上的记忆	机械记忆
知识体系	在新知识和原有知识之间建立联系，掌握复杂概念、深层知识等非结构化知识	零散的、孤立的、当下所学的知识，且都是概念、原理等结构化的浅层知识
关注焦点	关注解决问题所需的核心论点和概念	关注解决问题所需的公式和外在线索
投入程度	主动学习	被动学习

项目	深度学习	浅层学习
反思状态	逐步加深理解，批判性思维、自我反思	学习过程中缺少反思
迁移能力	能把所学知识迁移应用到实践中	不能灵活运用所学知识
思维层次	高阶思维	低阶思维
学习动机	学习是因为自身需求	学习是因为外在压力

（一）联想与结构——深度学习重要特征

"联想"是唤醒或改造以往经验的活动；"结构"是以往经验融入当下教学并得以提升、结构化的过程．"联想"关照、重视学生个体经验包括日常生活经验，而"结构"是通过教学活动对经验和知识进行整合与结构化．"联想与结构"是学生学习方式的样态，也是学习方式所处理的学习内容，个体经验与人类知识在深度学习这里不是对立的，而是相互成就、相互转化的．

教学中学生所学的知识不是零散的、碎片式的、杂乱无章的信息，而是有逻辑、有结构、有体系的知识；学生也并非孤立地学习知识，而是在教师的引导下，根据当前的学习活动去联想、调动、激活以往的经验，以融会贯通的方式对学习内容进行组织，从而建构出自己的知识结构．换言之，学生以建构的方式学习结构中的知识，也通过建构将学习内容本身所具有的关联和结构进行个人化的再关联、再建构，从而形成自己的知识结构．只有通过自主建构知识才能真正掌握所学内容，因而在学习过程中教师要想尽办法为学生学习搭好脚手架，在合适的机会为学生提供最适切的帮助，激发学生的学习潜能，让学生主动去学习，而不是拖着学生按照自己的意愿去学习，只有这样学生才能对知识进行内化，主动建构形成稳固的知识体系．

初中数学深度学习要求能够整体呈现初中数学内容的结构，以融会贯通的方式对学习内容进行组织、整合，尽可能地体现内容本质之间的联系．掌握知识之间的内在联系，最终的目的是通过这些联系形成一个合理的、有机的知识结构，这个结构既有客观的知识之间的逻辑关系，又有学生个性化的认识和理解．初中数学深度学习的目标就是要为学生创设条件和机会，让他们建构出自己的知识结构，并不断将其优化．

正如布鲁纳所说："不论我们选教什么学科，务必使学生理解学科的基本结构，学习学科的基本结构，以联想的、结构的方式去学习，是深度学习的重要特征，只有掌握学科的基本结构，才能明了学科的一般图景，弄清事物之间的相互关系．""联想与结构"需要学生的记忆、理解、关联能力以及系统化的思维和结构能力的共同参与，同时，这些能力也将在学习过程中得到进一步的发展．

（二）活动与体验——深度学习核心特征

"活动"是以学生为主体的主动活动，而非生理活动或受他人支配的肢体活动；"体验"是指学生在活动中生发的内心体验，活动与体验相伴相生．"活动与体验"是深度学习的核心特征，回答的是深度学习的运行机制问题．教学中的"活动与体验"在所有内容的教学中都是核心．

学生积极参与富有思维含量的数学活动．数学学习过程是教师、学生围绕学习内容而展开的活动过程，初中数学深度学习要求学生能够全身心投入到具有挑战性的、富有思维含量的学习活动中．在这个过程中，学生经历"探索""归纳""发现""论证"等阶段，经历知识的形成过程，在获得知识、方法的同时，发展数学思维，体会数学学科的思想方法以及数学在解决现实世界的问题中的价值，体验挑战成功的成就感．在深度学习的数学学习活动中，学生应该经历以从具体到抽象、运算与推理、几何直观、数据分析和问题解决等为重点的思维活动，在获得数学核心知识的同时，提高思维能力，形成数学学科核心素养．

深度学习则正是要使教学内容及关于教学内容的学习成为学生发展自己的养分与手段．学生要通过自己的主动活动，把文字结论及其隐含的意义变成自己的认识对象，变成自己成长的养分，变成自己成长的过程．学生要想成为学习的主体而不是被动的知识接收器，就得有"活动"的机会，有"亲身经历"（用自己的身体、头脑和心灵去模拟地、简约地经历）知识的发现（发明）、形成、发展的过程的机会，正是在这样的活动中，学生成为活动主体，"具备审美能力和文化修养，成为称职的文化继承者"，成为一个具体而丰富的人．

深度学习是理智与情感共在的、鲜活的、有温度的活动．学生以全部的思想和精神去感受与体验学习活动的丰富复杂、细微精深，真切或模拟地去体验伴随活动而来的痛苦或欣喜的感觉经历．学生的主动学习活动，伴随着与教师、同学的交流、沟通、合作、竞争等活动，如教师的启发、引领，实验活动中同学间的互助合作，课堂讨论中的相互启发，小组作业中的相互依赖与信任，等等．学习过程本身也是学生体验社会性情绪、情感，进行积极正向社会化的重要活动．

（三）本质与变式——深度加工的意识与能力

"本质与变式"是指通过处理学习内容（学习对象）把握知识的本质，从而实现迁移的方式，即发生深度学习的学生能够抓住教学内容的本质属性、全面把握知识的内在联系，并能够由本质推出若干变式．

学生能够体会数学核心内容的本质，是初中数学深度学习的另外一个重要特征。学生在学习过程中，能够抓住数学知识的本质和关键特征，加深对知识的理解和体会，灵活运用所学的方法去处理不同的问题，是实现初中数学深度学习的重要环节，使学生在辨识、归纳、概括中真正理解概念、原理和方法，把握数学学科知识的本质．

把握本质的过程，是去除非本质属性的干扰、分辨本质属性与非本质属性区别的过程，也是对学习内容进行深度加工的过程．学生主动去把握的过程，或是"质疑""探究"，或是"归纳""演绎"，或是"情境体验"，等等，要使学生与正在学习的内容之间建立一种紧密的灵魂联系，只有这样，事物的本质才会显现，事物也才会在学生面前展现出它最生动、最鲜活的风采．把握事物的本质，要求学生具备深刻而灵活的思维品质，而这种思维品质正是在对学习对象进行深度加工、把握事物本质的过程中发展起来的．

把握事物的本质，是以简驭繁、削枝强干的前提，也是建构知识结构的前提．只有把握了事物的本质，才能于万千事物中把握根本，由博返约，头脑清明；只有把握了事物的本质，才能认识本质的多样表现、各种变化，才能举一反三、闻一知十．学生能够在"变异"中把握"不变"的本质，把"不变"的本质迁移运用到"变化"情境中，实现"迁移与应用"．把握知识本质的学习过程，能够使学生"学会学习"，形成对学习对象进行深度加工的意识与能力，提升智慧水平，加强与知识间的内在联系．

（四）迁移与应用——学生学习成果的体现

"迁移"是学习发生的重要指标，"应用"则是迁移的重要表征之一，也是检验学习结果的最佳途径．如果把学习活动看作一个闭环结构，那么"迁移"

便在闭合处，既是学习开始的端点也是学习结束的端点，从别处"迁移"来，又从这里"迁移"到别处去；"应用"也是如此，既是上一个环节学习结果在此处的"应用"，又通过"应用"开启新的学习．如此，学习内容的系统性、结构性以及随着活动深化而展现的深刻性与丰富性，学生学习的主动性、积极性、自觉性，都在"迁移与应用"中得到显现，并在活动中得到培养与加强．

学生能够将知识迁移到新的情境中加以应用．迁移能力是数学学习的关键能力之一．初中数学深度学习的又一个关键就是，学生能够将所学内容迁移到新情境中，能够综合应用所学数学知识解决新问题．这不仅是学生数学学习的目的，还是学生终身发展所必需的能力和素养．应用意识和数学建模是数学学科核心素养的重要组成部分，初中数学深度学习以提升学生的学科素养为目标，学生对数学知识的本质把握与否、对思想方法的理解与否，与是否能够在具体的问题情境中加以应用是有密切联系的，也关系到思维能否得到提升和发展．

深度学习促进迁移与应用．学习活动是建立在知识储备基础之上的，能帮助自己找到学习的最近发展区，能更好地联系固有知识储备，促进知识的对比迁移，从而获得新知．学习者有效乃至高效的学习活动就是使旧知识与新知识产生联系，提高自身学以致用、举一反三、触类旁通的学习能力，也就是提高"知识迁移"发生的能力．在学习经历的基础上，激活有效反思，学习者不断让自己的思维由表层走向深层，迈向深度学习，实现知识迁移．

深度学习要求学习者深入理解学习情境，对关键要素的判断和把握可以在相似情境中"举一反三"，在新情境中分析判断差异并将原则思路进行迁移运用．在深度学习中，"迁移与应用"是重要的学习方式而不只是对字的结果的检验方式．"迁移"是经验的扩展与提升，"应用"是将内化知识外显化、操作化的过程，也是将间接经验直接化、将符号转实体、从抽象到具体的过程，是知识活化的标志，也是学生学习成果的体现．

（五）价值与评价——核心素养的形成

"价值与评价"是教学的终极目的与意义的问题，即教学是培养人的社会活动，要以人的成长为旨归．深度学习将教学的"价值与评价"自觉化、明晰化，自觉帮助学生形成正确的价值观、形成有助于学生自觉发展的核心素养，自觉引导学生能够有根据地评判所遭遇的人、事与活动．

"价值与评价"不是教学的某个独立的学习阶段或环节，却渗透在各个阶段、各个环节的所有活动中．让学生自觉思考所学知识在知识系统中的地位与作用、优势与不足、用途与局限，让学生主动对所学知识及学习过程进行质疑、批判与评价．对知识及其学习过程进行评判的意识与能力，是在教学活动中、在"参与"知识形成的过程中、在批判性的认识与理解的过程中形成的．终极目的在于使学生形成自觉而理性的精神与正确的价值观，实现核心素养的发展．

加涅认为，学生学习的每一个动作，如果要完成，就需要反馈．教师如果能及时地、准确地对学生的学习行为作出评价，就能够达到强化学生学习动机和激励学生学习行为的目的．对于学生的核心素养发展而言，要确立"以人为本"的观念，注重学生的社会责任、道德品质、健全人格、理性思维、审美情趣等素养的培养．学习评价中将学生完整的学习过程作为"教—学—评"一致性的平台，通过知识学习、方法练习、对话构建、实践体验、自主探究、评测反思等学习流程，对学生作出及时的、综合的、客观的评价，成为核心素养综合评价的科学依据，从而促进学生的全面发展、持续发展．

三、深度学习的价值意义

（一）实现从"离身"到"具身"的蜕变

立德树人是教育的根本任务，新一轮课程改革提出的"核心素养"这一理念，正是连接立德树人与学科课程教学的桥梁，在此背景下，学习目的由掌握命题性的知识转向素养的培养；学习时空由局限于课堂转向对自然和社会的观察和思考；个体角色由学生转向现代公民等都是值得人们思考和探索的问题．"具身"学习方式无疑为此提供了新的视角．

1. 由单一的"听中学"转向重视体验的多感官参与的学习

学生单一接受式的学习方式，使课堂学习和学生的生活体验成为两条平行线，极易出现理论与实践"两张皮"的现象。在课堂上机械地用一个案例印证一个观点而忽视实践的丰富性和复杂性，不利于学生对知识体系的整体构建，长此以往学生必然失去创新能力．当前社会发展处于急剧变化的转型期，社会信息化水平不断提高，互联网渗透到每个角落，改变着人们获取信息的途径：从单一到无限，从确定到无穷变化，由此各种思想文化相互交织、相互激荡，在此背景下，学生成长独立性、选择性、多变性、差异性等特征明显增强，对书本的依赖度越来越小，要将学生核心素养的培养落到实处，教学和学习方式必须做出相应的改变.

在学习过程的设计中,课堂学习与学生的生活体验这两条线应是交织在一起的,观点应是从社会的真实情境及学生的直接经验中提炼出来的.通过亲身参与形成对事物的独特感受、理解和领悟,如在进行活动设计时,可以利用想象具身指导学生进行学习,即在一个实践活动中生成可以感知的具身经验,在学习抽象性的理论或观点时想象这个具身经验,以此促进所学内容的迁移.

2. 由直接给予知识结论转向帮助学生体悟学习过程,实现深度学习

具身学习正是通过引导学生亲自经历知识产生的过程,由活动出发,激活学生的思维和探究欲,教师引导学生通过分析认识到"守恒",使学生结合具体现象经历概念构建的全过程,强调问题思维、情境思维、主体思维都对学生创新能力的培养起着促进作用,在此过程中学生不再是知识的简单的接受者,实践、行动、做中学是课程实施的重要方法.学习者要想真正掌握知识,就要通过参与真实生活情境中的活动,立足已有经验,进行设计、筹划、发明、创造。"创新,以及有发明意义的筹划,乃是用新的眼光来看这种事物,用不同的方法来运用这种事物."这正是深度学习的体现.

将知识的学习与学生的经验建立联系,学生通过在真实情境中体验各种经历,并由此将知识以及其他的各种可能转化为自身的经验,实现自身的变化.在这一学习方式中学生将抽象理论重新建构并进行自我转化,作为一种新经验进入学生的视角,提升了学生的思维品质,并成为扎根于自我的学科素养,这一学习过程较之教师"提出观点—严谨论证—学生理解—记录笔记"更为有效.

3. 由机械学习转向关注创造反思,达成知、情、意统一

传统课堂教学存在着时间有限、空间集中、资源相对不足等问题,学生的学习主要在相对封闭的学校里进行,与社会交流、接触的机会少,小组合作活动开展的饱和度不够,不利于学生实践能力和创新思维的培养.与传统认知主义把身体和心智视为对立的二元不同,具身学习理论强调学习过程的知、情、意统一原则.同时,可以使教育的成果得以外显,如学生的精神状态可以通过其举止和表情显现出来,其道德水平可以通过其言谈和行动体现出来等。"内得于己"的素养只有通过"外显于人"的行为表现出来才能变得有意义,社会主义核心价值观的培育才能成为可能并可见、可评.

具身学习理论强调体验性与参与性，除"听"外，还鼓励学生通过看、说、触、做等多通道进行感官训练，感知经验，并鼓励学生在与环境的交互中进行学习，发展高阶思维；具身学习还强调情境性和生成性，将真实的生活情境或实践活动作为学生学习的平台，并通过设置有意义的任务，使学生获得体验、感悟，并进一步深入理解，实现情感认同或升华．开放性、动态性、生成性是具身学习的重要特征，要求打破课堂和学校的限制，学生的学习要从课堂的狭窄范围扩展到社会的广阔空间，走进社会生活．本轮课程改革强调信息技术与课程教学的深度整合，倡导线上、线下混合学习，为具身学习的开展提供了空间．

（二）落实教学专业路径"教—学—评"

1. ILT 教育中的新范式

教学是有意向性的行为，它必须指向任务的达成，即"学生学到了什么"，需要对教学目标、教学过程进行评价，教师的教学应该从传统的"教师立场"转变为"学生立场"．美国教育评价专家韦伯指出一致性是指"两种或更多事物之间的吻合程度，即事物各个部分或要素合成一个和谐的整体，并指向对同一概念的理解"．根据韦伯对一致性的理解，可知"教—学—评"一致性就是指在课堂教学体系中学生学习目标、教师的教或者学生的学和对学生学习的评价之间的一致性．

教育中的 ILT（Instruction–Learning–Test，教学—学习—评价）是在教学评价领域通过实践得出的新范式：学习是主动的建构，是一个自我组织的过程，也是一个文化适应的过程；教育的目的在于促进学生学习；评价是教学过程不可分割的一部分，采取一种情境化的质性的评价取向，既注重结果评价也注重过程评价，特别强调评价与教学相结合，在这种实践中，促进学习成为评价的核心功能．

2. 落实"教—学—评"实现高质量学习

"为评价而教"对教学和学习具有积极影响，能够促进教学和学习目标的达成．在教学设计的过程中，要落实：学习目标与学习过程的一致性，通过学习活动与学习目标之间的一致性来实现；学习目标与评价任务的一致性，从内容、方法和程度等方面综合考虑；学习过程与评价任务的一致性，在教学、学习和评价三位一体的关系中，评价是镶嵌于"教—学"之中的一个成分，其一学习活动和评价任务二合一，其二评价任务对应着学习活动．

教师要开展专业的教学，需要了解和解决三个问题：一是"学生的学习应当到哪里"，课程标准规定的是一个较大、较远的目标，教师必须要将其分解为若干短期的小目标，所有的教学目标都应该可观察、可测量、可评价；二是"学生的学习已经在哪里"，要收集学生达成目标过程中学习的证据，了解学生相对于课程标准要求所处的位置，如何确定上述目标已经或正在得到实现，采用什么评价方式才能获得准确的信息；三是"学生当前状态与课程标准要求的目标状态之间存在什么差距，如何更好地弥合这种差距"，要思考用怎样的评价方式才能使学生表现得更好．

3. 与目标匹配的评价方式

教学，作为完整的专业实践活动，其结束的标志是学生有没有"学会、明白"．教师教学的有效性是教学研究的重要问题，着眼于促进学生的学习，研究和思考怎样教得有效、怎样教得更好，支持学生学习，鼓励学生思考，引出学生的最佳表现，开展适合学生的教育．从动机心理学角度来看，对学生学习的评价应树立"评价不是为了证实而是为了改进"的理念．在明确教育目标的前提下，先围绕目标设计可能实现的评价任务，再针对评价任务设计教学任务、教学活动、教学手段、教学流程，从系统的立场实现"教—学—评"一致性．过程评价、发展评价是教学过程中的重要评价方式，及时反馈是引导学生深入反思自己学习行为的重要途径，积极评价是激发学习动力的重要手段．因而当反馈关注学生的学习过程而非只是最终成果时，就会极大地促进学生学习．

（三）指向高品质的学习设计

1. 问题驱动，教学内容转化为学生自主问题解决

问题解决是人类学习和改变世界的重要方式．以问题驱动的教学设计，解决"以教师为中心、以教材为中心"倾向的弊端．教师在进行设计时，要对教学内容有全盘的把握和深刻的理解，要考虑学生的逻辑，根据学生的兴趣、需求等来确定问题，根据问题的复杂性和难度，我们将其分成基础性问题和挑战性问题。基础性问题是指结构比校简单，难度较小，解决方法单一，多数学生可以通过自主学习进行有效探索的问题，因此是需要多数学生理解和掌握的问题．挑战性问题则是指结构比较复杂，难度较大，解决方案开放多元，多数学生很难通过自主探索来解决，而需要长时间思考、与他人协同合作或者在教师及成人的指导下才能够解决的问题.

挑战性问题的设计不但要求教师对学科知识有深刻理解，而且要求教师不断研究和发现学生在学习过程中存在的真正的疑难，而这些问题的设计正好能够体现学生的认知困境，激发学生的认知冲突，从而使学生对问题进行更加深刻的剖析和认识，形成深刻的见解. 学习设计要体现学科的本质及核心概念，同时要借助问题设计来帮助学生突破认知困境和盲点，这些都可以作为学习设计的切入点，让学生通过体验、分析、应用跨学科知识来创造性地解决问题，这也是对教师专业性的重要体现.

2. 大概念整合，在学科系统中确定明确的优先次序

要进行有效的学习设计，教师要对本学科有系统全面的把握，能够对本学科的"知识地图"进行确认，并能够以大概念为基础，对学科的系统和框架进行建构. 大概念是学科的核心，也是基础概念. 布卢姆（1981）提出了迁移是大概念的本质和价值所在，大概念可以帮助学生将各个知识点联系起来，大概念作为教师教学的有力助手，有助于知识和技能的整合，确定少数几个大概念，并围绕它们进行精心设计. 大概念是理解知识的必要条件，如果抓不住关键思想以及不能将大概念与相关内容知识联系起来，留给我们的就只是一些零碎的、无用的知识，不能起到任何作用.

以大概念为内核，建立关于学科的基本框架，对学科有更加深刻的理解，可以进行学科教材的筛选、重组、修订等，也可以进行单元设计学科内部以及跨学科的统整，这使得教师更加自由. 教师掌握了全面的材料，可以根据自己的需要进行灵活的设计和组织，同时，从细碎的、冗杂的知识点中抽离出来，站在更高的角度，对教学内容进行创造性的重构. 对教师来说，对学科知识地图和大概念的深刻把握，是获得专业自主权的重要方式. 通过分析大概念，我们能够厘清课程的核心价值和标准，确定教学的关键目标并能够根据其与大概念之间的关系确定问题设计的优先顺序，这样的学习必然走向意义化和深化.

3. 逆向设计，从目标概念到任务设计

"逆向"即与常态教学的思维有"逆"，"逆"得有理，也"逆"得值得关注. "逆向设计"的概念和方法，可以避开学校教学设计中的两大误区——聚焦活动的教学和聚焦灌输的教学，前者没有明确学习体验如何帮助学习者达到学习目标；后者缺少明确的大概念来引导教学，缺乏为确保学习效果而进行设计的过程．本书认为教师在考虑如何开展教与学的活动之前，先要努力思考学习要达到的目的到底是什么，以及哪些证据表明学习达到了目的；必须首先关注学习期望，然后才有可能产生合适的教学行为；认为最好的设计应该是"以终为始"，从学习结果开始的逆向思考，这个概念和方法对于今天我们追求有意义、有效果的教学设计以及思考和寻找教师教学行为转变的路径颇有启迪．

"以终为始"即从学习结果开始的逆向思考．当我们考虑到要关注的教育目的"理解"时，逆向设计法的适用性就更加清晰了；如果我们不清楚所追求的特定理解是什么，不知道在实践中这些理解是如何表现的，那我们就不知道如何"为理解而教"，不知道应该采用哪些材料或开展哪些活动．就像导游一样，只有在清楚地知道希望"游客"对文化有哪些特定理解的情况下，才可能做出最好的决定：让我们的"游客"游览哪些"景点"，以及让他们在短时间内体验哪些特定的"文化"．只有明确知道预期结果，我们才能专注于最有可能实现这些结果的内容、方法和活动．教师应该从输出端开始思考教学，即从预期结果开始思考教学．换句话说，太多的教师都只关注自己的"教"，而不是学生的"学"．他们首先花大量的时间思考的是：自己要做什么、使用哪些材料、要求学生做什么，而不是首先思考为了达到学习目标，学生需要什么．

（四）促进区域内深度教研与教师的专业发展

1. 促进区域内深度教研

区域教研部门的主要职能就是服务学校和教师发展．"深度学习"教学改进项目，要求区域教研机构发挥好"现代化立交桥"的作用，在教育理论和教学实践、教师的教和学生的学之间，发挥联通、转化作用．教研要围绕深度学习实践的关键环节，以解决实践问题为导向，以学生核心素养的提升为切入点和目标，做好指导．区域教研部门指导教师研究学生和学法，将学科知识与生活和生产实际联系在一起，通过设计具有综合性、复杂性、实践性的任务，引导教师从学生学习目标达成的视角进行教学改进，从经验转向经验与实证相结合，促进学生学科核心素养的形成和发展．

教研员在教师进行"深度学习"教学改进项目实践中做好贴身指导．教师成长的重要标志是课堂教学水平的提高，教师的成长过程就是不断实践、体验、感悟、改进课堂教学的过程．教师解决深度学习的学科教学难题需要教研团队共同参与，在每一个学科、每一轮深度学习的教学实践之后，都要对内容进行再反思、再优化．教师基于对这一系列问题的反思，从多个角度一一比较，进行阶段性深度学习的教学总结，做好下一轮的实践准备．这些需要区域教研团队和教师一起来研究策略，在课堂教学中探索、实验．教研团队在实践的基础上提炼解决问题的思路、方法，帮助教师形成优秀成果并进行推广，发挥优秀成果的示范和引领作用．

2. 引领教师专业发展

《中共中央国务院关于深化教育教学改革全面提高义务教育质量的意见》（2019）中提出"按照'四有好老师'标准，建设高素质专业化教师队伍"的要求，指出：以新时代教师素质要求和国家课程标准为导向，改革和加强师范教育，提高教师培养培训质量．实施全员轮训，突出新课程、新教材、新方法、新技术培训，强化师德教育和教学基本功训练，不断提高教师育德、课堂教学、作业与考试命题设计、实验操作和家庭教育指导等能力．

提升教师的专业水平，已经上升为国家的意志和要求，这对教师的研训提出了新的要求：

（1）具有高水平的课堂设计．追求数学育人，即以人为本，关注学生，关注数学核心素养落地，体现数学育人价值观并取得成效；体现数学文化，即体现知识的发生发展过程及其蕴含的核心数学思想方法，渗透数学文化．

（2）具有高水平的实施能力．有逻辑，即实现数学发展逻辑与学生认知发展逻辑的高度契合，有数学及心理学的理论支撑；返璞归真，即注重数学本质，突出重点，突破难点，追求返璞归真、以简驭繁、引人入胜．

（3）具有高水平的教学评价能力．有较高的评课能力，能科学合理地评价课堂教学，指出其特色、优势与不足，提出改进建议；能科学合理地评价学生，掌握课程标准，能针对课程标准的内容和要求给出具体例子说明；能用全程评价提高教学的针对性，改进自身的数学教学活动，提高育人效果．

（4）具有较高的教学研究能力．是否具有教育教学研究能力，是区分一般的"好教师"和专家型教师的根本特征．

实践篇：

课题领航　实践深研

"支架式教学下促进初中数学课堂
深度学习的实践研究" 开题报告

一、内容

1. 本课题国内外研究现状述评

支架式教学最初产生于探索父母如何帮助学生表达自己的研究中（Cazden，1980；Wells，1986），体现了建构主义关于教与学的理念．正是由于更有能力的他人为学习者提供了支架和支持，因此学习者才能（在更有能力的他人的支持下）完成他们无法独自完成的任务，从而跨越"最近发展区"（Bransford，Brown & Cocking，2000）．研究表明，支架式教学在促进儿童认知发展、学习能力提高方面具有一定的作用，是帮助儿童解决问题、掌握技能的重要教学方法（McKenzie，1999）．

1976 年，瑞典哥德堡大学教育学院教授马飞龙和罗杰·塞里欧基于对学生学习过程的研究，发表了《学习的本质区别：结果和过程》一文，首次提出并阐述了深度学习与浅层学习这两个相对的概念．随后，约翰·比格斯等多位学者对深度学习进行了研究，他们的基本共识是：浅层学习是对零散的、无关联的内容不加批判地进行机械记忆，学习内容脱离生活实际，与学生以往的经验缺乏关联，学不致用；而深度学习则是对学习内容积极主动地理解、联系和结构的建立、基本原理的追求、相关证据的权衡、批判反思和应用．近年来，深度学习的研究与实践在世界范围内引起高度重视，加拿大著名学者迈克尔·富兰提出的如何在技术富有的社会中实现真实有效的教与学活动的"新教学论"，将目标指向通过深度学习促进学生能力、态度的改变．

相较国外研究，我国的"深度学习"教学改进项目对深度学习的理解更为

48

全面、更富实践性．深度学习是自课程改革以来对课程理解和课堂实践的深化，它既是一种理念，又是一种实践指导策略．教育部基础教育课程教材发展中心所领导的深度学习教学改进项目总项目组对深度学习的内涵界定如下：在教师引领下，学生围绕着具有挑战性的学习主题，全身心积极参与、体验成功、获得发展的有意义的学习过程．

2. 提出选题的背景及意义

近几年来，初中数学课堂教学发生了很大变化，虽然经历知识的产生过程、注重学生的主体性发挥等做法在课堂上已有所体现，但还是有部分的数学课堂只关注知识的学习，且存在"碎""散""浅"的现象．数学教学中的"碎"体现为知识内容缺少整体；缺少对知识内容的整体把握的另一个表现就是"散"，这体现为知识间缺少联系；数学教学中的"浅"体现为缺少对内容理解的深刻性．

同时，贯彻落实中共中央办公厅、国务院办公厅发布的《关于进一步减轻义务教育阶段学生作业负担和校外培训负担的意见》和教育部发布的《关于加强义务教育学校作业管理的通知》《关于加强义务教育学校考试管理的通知》等文件精神，进一步规范教育教学管理，全面提高教育教学质量，减轻中小学生的课业负担，结合本区实际进行研究．

因此，有必要开展支架式教学下促进初中数学课堂深度学习的实践研究，填补这一研究领域的空白．通过数学教育，培养学生"会用数学眼光观察世界，会用数学思维思考世界，会用数学语言表达世界"．在支架式教学下初中数学深度学习指向学生数学素养的提升，有助于提升数学教学水平，彰显教师的价值．

3. 本课题研究的基本思路

以支架式教学为理论基础，开展初中数学深度学习课堂的研究．思维导图，构建知识；搭建支架，夯实能力；展开支架，提升训练；活用支架，深度学习；撤销支架，反思内化．初中数学深度学习是在教师引领下，学生围绕具有挑战性的数学学习主题，全身心积极参与、体验成功、获得发展的有意义的数学学习过程．从而把握数学的本质和思想方法，提高思维能力，发展数学学科核心素养．

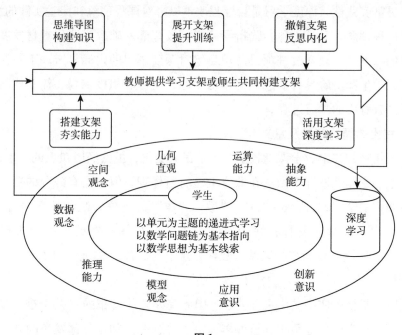

图1

（1）支架下以单元教学为主题统领深度学习

① 以核心内容为学习目标的单元学习主题

核心内容类——以数学课程中的核心内容为学习目标的单元学习主题，一般主要是基于教材的一个完整的自然章节或自然章节的一部分，也可以是跨教材章节的组合．这样的单元学习主题以数学核心内容为主要线索，将相关内容根据其逻辑关系和本质联系加以组织整合，同时考虑学生学习的可接受性等因素，形成一个完整的学习单元．因此，围绕核心内容类单元学习主题，我们把七、八、九年级共六册书的数学课程教学内容分为以下八个方面核心内容进行研究．

例如：函数是初中数学的核心概念，学生通过对平面直角坐标系与函数、一次函数、反比例函数、二次函数图像与性质、二次函数实际应用的研究，不仅要掌握这些重要的初等函数的性质，还要体会函数的概念以及研究函数的基本方法和策略，为今后研究函数提供可迁移的学科方法．因此，我们可以把"函数"作为一个单元学习主题（见表1）．

表1

第一章　数与式	1.1　实数
	1.2　整式与因式分解
	1.3　分式与二次根式
第二章　方程与不等式	2.1　一次方程（组）及应用
	2.2　分式方程
	2.3　一元二次方程及应用
	2.4　不等式与不等式组
第三章　函数	3.1　平面直角坐标系与函数
	3.2　一次函数
	3.3　反比例函数
	3.4　二次函数图像与性质
	3.5　二次函数实际应用
第四章　三角形	4.1　角、相交线与平行线
	4.2　三角形（等腰三角形、等边三角形、直角三角形）
	4.3　全等三角形
	4.4　相似三角形
	4.5　锐角三角函数与解直角三角形
第五章　四边形	5.1　平行四边形
	5.2　特殊的平行四边形（矩形、菱形、正方形）
第六章　圆	6.1　与圆有关的概念与性质
	6.2　与圆有关的位置关系
	6.3　与圆有关的计算
第七章　图形与变换	7.1　尺规作图、视图与投影
	7.2　图形的对称、平移与旋转
第八章　统计与概率	8.1　统计
	8.2　概率

② 以思想方法为学习目标的单元学习主题

思想方法类——以体现数学核心知识之间的联系、蕴含在核心内容中的数学思想方法为学习目标的单元学习主题．一般是在学生学习了一部分知识和内容后，以蕴含在其中的数学思想方法为主线，进行较为系统的梳理和反思，或者通过关注知识之间的联系，以知识为载体，以数学学科核心素养为主要出发点和落脚点，进行回顾的提升性的、综合性的单元主题设计（见表2）．

表 2

一、函数与方程思想	抛开所研究对象的非数学特征，用联系和变化的观点找出数学对象，抽象其数学特征，建立各个量之间固有的函数关系，通过函数形式，利用函数的有关性质，使问题得到解决．将所求的量设成未知数，用它表示问题中的其他各个量，根据题中隐含的等量关系，列方程（组），通过解方程（组）进行研究，以求得问题的解，函数与方程在一定条件下可以相互转化．
二、数形结合思想	根据数与形之间的对应关系，通过数与形的相互转化解决数学问题的思想，包含"以形助数"和"以数辅形"两个方面．其中"以形助数"借助形的生动性和直观性阐明数之间的联系，即以形为手段，以数为目的．"以数辅形"借助数的精确性和严密性阐明形的某些属性，即以数为手段，以形为目的．
三、分类与整合思想	在解决某些数学问题且被研究的问题包含多种情况时，必须抓住影响主导问题发展方向的主要因素，在其变化范围内，根据问题的不同发展方向将其划分为若干部分分别研究．由大化小、由整体化为部分、由一般化为特殊的解决问题的方法，研究的基本方向"分"，但分类解决问题之后，还必须把它们整合在一起，体现"合—分—合"的解决问题的思想．
四、特殊与一般思想	对一类新事物的认识往往是通过对某些个体的认识与研究，逐渐积累对这类事物的了解，从而形成对这类事物总体的认识．这种认识事物的过程是由一般到特殊的认识过程，到由特殊到一般再由一般到特殊反复认识的过程，这正是认识世界的基本过程．
五、化归与转化思想	在研究解决数学问题时，采用某种手段将问题通过变换使之转化我们利用已有知识可以解决的问题，进而使问题得到解决的一种解题策略．数学题中的条件与条件，条件与结论之间存在着差异，差异即矛盾，解题过程就是有目的地不断转化矛盾，最终解决矛盾的过程．

③ 以问题解决能力为目标的单元学习主题

问题解决类——以综合运用知识解决实践性、挑战性问题进而发展问题解决能力为目标的单元学习主题．一般选择具有较强的实践性、综合性的现实问题和具有挑战性的数学问题，以问题类型为主题，综合运用知识解决问题，以提升问题解决能力、提高数学学科核心素养为目标．

例如：以二次函数为背景的代数几何综合题，涉及面积的最值问题、特殊三角函数、特殊三角形、四边形的存在性问题，与相似、全等相结合的问题，此类题型难度大，考查学生的综合能力．动态几何题型研究在几何图形的运动中，图形位置、数量关系的"变"与"不变"性，就其运动对象而言，有点、线、面；就其运动形式而言，有平移、旋转、翻折等动态几何题型常常集几何、代数知识于一体，数形结合，有较强的综合性，题目灵活多变，动中有静，动静结合，能够在运动变化中，考查学生的空间想象能力、综合分析能力（见表3）．

表3

问题解决类型	支架呈现方式
动点与函数图像题型	选择题、填空题的压轴题
求阴影部分面积题型	
几何综合类题型	
规律题	
二元一次方程组与不等式相结合题型	应用题
分式方程与不等式相结合题型	
最优方案题型	
一次函数与反比例函数综合题型	函数综合题
一次函数与二次例函数综合题型	
圆与三角形综合题型	几何综合题
圆与四边形综合题型	
图形变换探究题型	
二次函数与线段长度、图形面积、角相结合题型	代数几何综合题
二次函数与特殊三角形、四边形存在性相结合题型	
二次函数与三角形全等、相似相结合题型	
动态几何题型	

（2）支架下以数学问题链设计指向深度学习

问题链的设计需严格贴合数学深度学习各个环节的要求，在单元目标、学情等指导下，梳理知识脉络以确立教学联结点，针对具体课型和学习目标进行设计．在导入和深度加工阶段，问题链设计则要充分考虑学生的最近发展区，于细微处编排富有层次的问题链，为学生搭建合理的支架．

结合"双减政策"，在问题设计方面注重基础知识、基本技能和教学目标达成情况，教师要提高自主设计问题的能力，针对学生学习的个体差异情况，精准设计问题，根据实际学情，精选问题内容，合理确定问题数量、难度，注重增强综合性、开放性、应用性、探究性，体现素质教育导向，合理设计问题结构，拓宽问题材料选择范围，丰富材料类型．

① 问题链的设计需要搭建情境支架

问题既基于并高于学生的现有基础，使学习变得有效；又着眼于立德树人、核心素养发展的理想要求，使学习变得有意义．问题链的设计需要创设真实的问题情境支架以体现数学文化，激发学习者的学习动机和兴趣，将学生真正地带入到有意义的数学学习活动中．情境支架能帮助学生利用日常认知情感唤醒生活中的已有经验，促进学生的联想与想象，能开发学生的潜在动机资源；能促进学生所学知识的有效迁移．情境支架的类型：实景支架、实例演示支架、动画式情境支架、游戏式情境支架、信息式情境支架．

② 问题链设计为深入思考引导"上架"

问题链的设计以关联为基础，从知识、方法、视角等维度分析要学习的主题，实现数学知识、思想方法的联系，体现数学本质．此外，问题链设计还要立足学情、预判预设与生成、遵循梯度性原则．在单元学习中用全面的、联系的眼光学习数学知识，以单元核心知识群为深度学习的切入点和载体，加深知识的广度、深度和关联度，并使之体现在问题链的设计中．问题链设计支架形成有价值的好问题，在如何攻克数学学习难点的问题上入手，要通过有效的问题设计，引导学生"上架"，触动数学的高级思维．

③ 问题链设计激活深度学习多样性、开放性

数学内容类型的多样性以及教育目标的丰富性，决定了适切于内容特征及目标特征的问题链也是多样化的，设计并非单一的、僵化的，表现出多样性与开放性．教师要根据教学内容的不同特点灵活采用知识建构型问题链，来引导

学习者经历一类性质、定理的生成过程.

表4

一、知识建构型问题链	知识建构型问题链为学生的新知识建构提供载体，即通过问题驱动学生思考，提炼所研究的数学对象的共同属性进而形成概念，或利用系列问题的探索揭示变化中的不变性，突显数学对象的特征.
二、知识网络型问题链	知识网络型问题链通过系列问题将问题背后的数学知识、方法等建立起网络结构，以优化学生的认知结构. 这种问题链常用于单元复习课中，以一个基本的数学问题切入，通过问题的不断推演、变化形成问题网络及问题背后的知识网络和方法网络.
三、专题探究式问题链	专题探究式问题链通过对一类问题的深入探究，掌握解决这类问题的一般方法，理解问题变化的空间. 在形式上，往往从一个具体的数学问题切入，通过数学思维使该问题得以转化、拓展，进而形成对通性通法的探索，并建立起问题之间的深层联系.

（三）研究方法

1. 行动研究法

本课题以行动研究为基础，采用"问题诊断—搜集资料—初步研究—拟订总体计划—制订具体计划—行动实践—反思改进—总结评价"的模式，边执行、边评价、边修改. 在研究中对教学行为进行观察与反思，并通过课题理论学习、教学设计评析、教学过程检查、组织教学评价等活动，检验研究成果，探讨研究重点和方向.

2. 案例分析法

注重对典型案例的收集、反思和研究，从中发现成功之处，发掘可以改进提升的方面. 针对具体情况，对教师进行个案研究，以教学实际为基础对他们在教学中存在的问题进行分析与研究，寻找对策，逐步提高他们的教学能力，总结具有共性的规律.

3. 经验总结法

根据教学实践提供的材料及时进行归纳与总结，在反思中积累经验，探讨新课程理念在教学设计中的运用. 在实验过程中重视从科组、实验学校和全区各个层面总结实践经验，在持之以恒的实践中不断地完善和提升.

4. 文献研究法

实验过程中收集大量与本课题研究相关的论文等文献资料，借鉴国内外已有的经验，并用以指导本课题的顺利开展，进一步完善课题资料.

（四）组织、分工（见表5）

表5

姓名	工作单位	项目分工	研究领域
李月明	江门市蓬江区紫茶中学	整理汇总	以核心内容、思想方法为学习目标的单元学习主题
吴煌	蓬江区杜阮镇楼山初级中学	专题研讨	支架下以数学问题链设计指向深度学习
刘飞梅	江门市怡福中学	示范引领	以问题解决能力为目标的单元学习主题
黄均耀	蓬江区杜阮中心初级中学	收集编辑	以核心内容、思想方法为学习目标的单元学习主题
周章富	蓬江区荷塘中学	组织活动	支架下以数学问题链设计指向深度学习

（五）进度

本课题研究分四个阶段完成，时间跨度为两年，具体的研究过程如下：

1. 准备阶段

建立课题研究组，确定研究思路，搜集国内外支架式教学、深度学习等相关文献资料进行理论学习，利用支架式教学下初中数学课堂深度学习评价量化表，对全区初中数学课堂教学现状进行调查分析，酝酿并制订研究方案、研究计划，完成开题报告.

2. 实施阶段

全面启动课题研究，以紫茶中学、楼山初中、怡福中学、荷塘中学等为实验学校开展各项活动，辐射引领全区联动起来. 改进并优化研究过程，以更科学、合理的方式继续开展课题研究. 利用支架式教学下初中数学课堂深度学习评价量化表进行实施阶段调查分析，撰写课题研究中期报告，开展研究性阶段成果交流活动.

3. 提高阶段

开展专题研讨会、教学课例展示，收集优秀教学设计、教学案例、教学录像等．在实践中验证，不断总结反思，结合教学实践，撰写教学论文等，注重收集第一手实验素材，积累实验资料．

4. 总结阶段

进行课题总结，收集相关研究资料，利用支架式教学下初中数学课堂深度学习评价量化表进行总结阶段调查分析，总结成效，撰写课题结题报告、研究报告．

（六）经费分配（见表6）

表6

序号	经费开支科目	金额（元）	序号	经费开支科目	金额（元）
1	资料费	4000	5	咨询费	2000
2	调研差旅费	10000	6	印刷费	2000
3	小型会议费	3000	7	其他	2000
4	计算机及其辅助设备购置和使用费	5000	8	管理费	2000
合计	3 万元				
年度预算	2022 年			2023 年	
	2 万元			1 万元	

（七）预期成果

专著、论文、研究报告、教学案例集等．

（八）预期价值

1. 创新之处

结合国家"双减"要求，在支架式教学理论基础上将初中数学深度学习有机融合，进一步充实这一研究领域．支架式教学下促进初中数学课堂深度学习的实践研究，在教师引领下，以学生发展为本，以核心素养为导向，凸显学生的主体地位，关注学生个性化、多样化的学习和发展需求，让学生获得基础知识、基本技能、基本思想和基本活动经验．同时，进一步提高学生发现问题、提出问题、分析问题和解决问题的能力，培养学生形成正确的价值观、必备品格和关键能力．使学生围绕具有挑战性的数学学习主题，全身心积极参与、体验成功、获得发展.

2. 应用价值

有助于数学课堂教学质量的提升, 支架式教学下初中数学深度学习从关注数学课程的核心内容入手, 核心内容一般不是单一的知识点, 而是一类内容形成的知识团或知识链, 这些知识团或知识链反映了数学学科的基本问题, 体现了数学学科方面的核心本质.

有助于促进学生数学学科核心素养的发展, 支架式教学下初中数学深度学习的发生既有对学生数学学习过程的改变, 又有对数学学习结果的改变. 关注学生理解、关联、迁移、应用、质疑等学习活动的过程性, 强调学生能体会到知识的本质、内在的联系和在新情境中的应用, 而不是对知识进行机械识记、反复练习、模式套用的学习过程和结果.

有助于促进初中数学教师专业知识发展, 对专业素养的提升有积极的促进作用. 改变以往教师单枪匹马备课的情形, 成为校本教研、区域教研的主要内容, 使得很多 "教" 与 "学" 的问题在讨论中变得越来越清晰, 很多设计在碰撞中找到最佳的呈现方式, 整体教学设计的要求使跨年级的交流成为必然.

附: 支架式教学下初中数学课堂深度学习评价量化表 (学生版、教师版)

参考深度学习项目综合评价量规制定如下评价指标体系, 利用此表对全区初中数学课堂教学现状、实施阶段、总结阶段进行三次调查分析, 收集数据, 综合数据分析来印证本项目实验的成效.

支架式教学下初中数学课堂深度学习评价量化表 (学生版)

一级指标	二级指标	评价内容	分值	自评	师评	综合
支架下以单元教学为主题统领深度学习, 学生学习能力与合作能力的表现	互动	师生之间、生生之间互动交流, 小组活动、合作达到要求, 有交互的实效性	10分			
	主动	学习时主动积极参与, 自主学习兴趣浓厚, 主动完成学习任务	10分			
	灵动	有探究新问题、学习新知识的动力, 有学习的好奇心和欲望, 有想法、有行动	10分			

续 表

一级指标	二级指标	评价内容	分值	自评	师评	综合
支架下以数学问题链设计指向深度学习，学生认知能力与创新能力的表现	会提问	能根据教学情境及教材内容主动提出有价值的问题	10分			
	会自学	具有良好的自学习惯与能力，能够独立解决问题并发现新问题	10分			
	会展示	敢于发表自己的意见，敢于尝试操作，展示率高	10分			
	会评价	仔细观察别人的展示并进行客观评价，利用有关的资料论证自己的观点	10分			
	会质疑	有问题意识，敢于质疑问难，提出的问题具有挑战性、独创性	10分			
	会讨论	小组讨论不流于形式，有一定的难度和价值，能表达小组集体的观点	10分			
	会总结	能在反思的基础上有针对性地进行归纳总结	10分			
总分			100分			

支架式教学下初中数学课堂深度学习评价量化表（教师版）

一级指标	二级指标	评价内容	分值	自评	师评	综合
支架下以单元教学为主题统领深度学习，教师教学能力的表现	问题转化能力	把教学目标及教学难点转化成问题，设计的问题要有趣、有梯度、有逻辑性．教师的问题预设对学生学习产生了催化作用，学生提出的问题对教学起了主体作用	20分			

续 表

一级指标	二级指标	评价内容	分值	自评	师评	综合
支架下以单元教学为主题统领深度学习,教师教学能力的表现	问题处理能力	学生学习过程中形成的问题类型,简单问题、较难问题、更难问题的科学性.简单问题让学生自探,较难问题小组互帮互学,更难问题教师主导下师生互动解决	20分			
	及时评价能力	学生提出的问题得到回应,表现好的小组及个人得到表扬,表现不佳的小组及个人知道自己的不足之处,得到鼓励,学困生得到帮助	20分			
支架下以数学问题链设计指向深度学习,课堂文化的表现	课堂生成	教师对教材进行二次加工处理,学生思维个性化、才能与才华得到展现,鼓励学生提出问题、表达观点,相互质疑,给学生选择的机会,设置个性化的作业	20分			
	思维发展	学生思维的发散性得到了提升,学生创造欲望被激发,有创造的效果,能够经历探究发现过程,表现出创新精神,有再生成问题或知识的能力	20分			
总分			100分			

"基于支架式教学下初中数学课堂教学的实践研究" 研究报告

一、研究现状、背景

1. 国内外研究现状

支架式教学最初产生于探索父母如何帮助学生表达自己的研究中，近年来国内外许多学者都对支架式教学的实际运用效果进行了系统研究，并且结合具体的研究情境，进行了必要的补充和改进．1979 年，卡茨登曾明确指出支架式教学具有广泛的适应性，当其作用于学生的"最近发展区"时，它能够用于许多日常班级教学活动，从而促进学生"最近发展区"的发展．1992 年梅斯特等人认为正是由于更有能力的他人为学习者提供了支架和支持，学习者才能完成他们自己无法独立完成的任务，从而跨越"最近发展区"，支架将学生独立活动的水平与在更有能力的他人的支持下活动的水平之间的差距联系起来．

2. 背景及意义

研究表明"支架式教学"在促进学生认知发展、学习能力提高方面具有较大的作用，是帮助学生掌握问题解决技能的重要教学方法．此外，有不少研究证明支架式教学是一种理想的、适于个性化教学的干预方式，能为学生提供基于"最近发展区"的个别化的支持，能使教师适应学生的个别化需求．支架的实施必然基于"最近发展区"，其目的是帮助学生从一个能力水平向另一个更高的能力水平过渡，发展高级心理机能，使学生成为独立、能动的学习者．支架的运用过程必然包括以下三个步骤：教师首先判断学生当前的发展水平，然后给予支持、引导，最后逐渐撤回支架．由于学习者在学习方面的自由和自主的重要性日益增加，因此支架式教学越来越受到人们的关注．

二、研究的方法

1. 行动研究法

本课题以行动研究为基础，在研究中对自己的教学行为进行观察与反思，并通过课题理论学习、教学设计评析、教学过程检查、组织教学评价等活动，检验研究成果，探讨新的研究重点和方向．

2. 个案分析法

针对具体情况，对教师进行个案研究，以教学实际为基础对他们在教学设计中存在的问题进行分析与研究，寻找对策，逐步提高他们的教学设计能力，总结具有共性的规律．

3. 经验总结法

根据教学实践提供的材料及时进行归纳与总结，在反思中积累经验，探讨新课程理念在教学设计中的运用．

三、研究计划

1. 准备阶段（2019 年 12 月—2020 年 3 月）

建立课题研究组，确定研究思路，搜集相关资料，进行理论学习，酝酿并制订研究方案．

2. 实施阶段（2020 年 4 月—2021 年 8 月）

全面启动课题研究，结合教学实践，撰写论文，收集优秀教学设计、教学案例、教学录像等，深入研讨，实践验证，不断总结反思．

3. 总结阶段（2021 年 9—12 月）

进行课题总结，收集相关研究资料，撰写课题结题报告、研究报告．

四、研究过程

本课题历经两年的努力，完成了研究任务，拟研究的问题得到了解决，研究目标基本实现，取得了预期的效果．课题以支架式教学为理论基础，解决了如何在初中数学课堂教学实践中搭建脚手架的问题，构建了支架式教学的基本模型；从单一知识点的支架式教学策略到知识板块的支架式教学策略再到知识网络的支架式教学策略，构建了由支架式教学的图式化研究、支架式情境化研究、支架式问题化研究、支架式信息化研究等构成的实践应用体系，对教学实践有着一定的指导意义．理论成果及应用成果较为丰硕，成果课例在省内外、市内外得到公开展播，在有关媒体得到传播，辐射带动作用明显，具有较大的示范意义及推广意义．特别是对农村的送教活动，为欠发达地区如何使用支架式教学，提供了可借鉴的学习范例．

（一）江门市名师大讲堂，提升课题实践研究

2020 年 9 月 18 日，由江门市教育局主办的"深度学习·思维课堂"名师大讲堂数学活动专场在新会葵城中学开展，活动采用现场观摩＋网络直播的方式进行，全市近 2000 名初中数学教师实时同步观看．江门市教育研究院副院长李义仁、江门市景贤学校副校长商庆平、江门市教研院中学数学教研员钟烙华、新会区教师发展中心中学数学教研员周广榕以及全市数学骨干教师代表现场参加了本次活动．

首先是名师课堂：由课题组成员蓬江区杜阮镇楼山初级中学吴煌老师执教《旋转之美》．吴老师带领学生一起走进多彩的旋转世界学习之旅，搭建支架，感受旋转之美；展开支架，概括旋转概念；利用支架，感悟旋转本质；巧用支架，探究旋转性质；活用支架，领悟旋转性质；撤销支架，提升数学素养．本节课的探索基于情境、问题导向的互动式、启发式、探究式、体验式课堂教学模型，促进学生系统掌握学科基础知识、基本技能和基本方法，逐步发展学生的核心素养，助推课堂从"浅层学习"走向"深度学习"．并结合本次活动的主题，聚焦"深度学习·思维课堂"的内涵，以学科核心素养发展为指向，力求通过学习目标的研制、高阶思维问题的情境创设、以问题为导向的学习方式设计教学．

名师课堂后，本人从支架式教学理论及深度学习理论出发进行课例评析，对展示课例《旋转之美》给予了充分肯定和高度评价，吴老师的课较好地运用了支架式教学策略，让学生在支架的帮助下，逐步突破"最近发展区"，进而使思维得到拓展和提升．接着，对经广东省教育研究院立项课题"基于支架式教学下初中数学课堂教学的实践研究"进行专题讲座，展示阶段性成果．从搭建支架—展开支架—利用支架—巧用支架—活用支架—撤销支架各环节，开展初中数学课堂教学实践研究，目的是帮助学生形成和发展学生的六大核心素养：数学抽象、逻辑推理、数学建模、直观想象、数学运算、数据分析．使学生逐步会用数学的眼光观察现实世界、会用数学的思维思考现实世界、会用数学的语言表达现实世界．本人既展示了课题研究成果，又与在座教师密切互动，交流研究心得，让教师们在研讨中积极思考，较好地提升了科研水平和专业素质．

最后，江门市教育研究院李义仁副院长作总结发言，吴老师在教学中以问题驱动为导向、以实验操作为活动主线，把学生带进了旋转美的课堂，让学生深度学习、感受思维课堂的美，体现了"做数学"的现代教育理念．李主任还充分肯定了本人的课题，提出具有深入研究的潜在价值，其潜在价值包括一定程度的理论探索，和形成具有区域特色的地方课程，此次活动为全市初中数学教师提供了一次很好的学习机会，是全市初中数学教师交流教学经验、提升实践能力的一次盛会，必将有效推进本市初中数学课堂教学改革．

（二）跟随省级名师工作室，充分发挥课题效应

2020 年 11 月 25 日，本人作为广东省商庆平名师工作室成员，跨地区送课到基层活动中，有幸执教示范课人教版八年级上册《平方差公式》，结合本人主持的省级课题"基于支架式教学下初中数学课堂教学的实践研究"，并融入深度学习教学模式，对本节课进行了课堂构思和教学实践．借助课题的深入研究，进一步推进中小学课堂教学改革，充分发挥名师示范引领作用，促进区域内教师队伍的专业发展．

深度学习是思维的课堂，从一道基础题切入，通过指数变—系数变—符号变—因式变—添加项，逐步分解、突破平方差公式的重点、难点，以反复变式为课堂教学主线，统领整节课．从明目标、自主学、精点拨、整建构、高效率、人人清六个方面强化课堂主阵地．明目标，通过题目的变化，理解和应用平方差公式，感悟数学思想；自主学，体现以教师为主导、学生为主体的地位；精点拨，在不断纠错过程中训练思维，巩固模型、应用模型、拓展模型；整建构，数学整体的思想体现到位；对知识点进行深层性的理解；高效率，完成题目的准确率高；人人清，拓展提升题的设计，将公式、规律、易错点体现在内，达到真正拔高、深度学习的目的．

教学设计遵循小步子教学策略，体现"低起点、小步子、多活动、快反馈"的课堂教学模式，该模式对转化学习有困难的学生效果特别好，可以帮助学生成功把教学内容分解成多步，让学生感到学习容易成功并建立起信心．

"低起点"以适应相对低水平的认识基础，把起点放在学生跳一跳就可以达到的水平，使新旧知识产生联结，形成网络．"小步子"针对学生知识空白点多，学习效率不高的情况，依据由易到难、由简到繁的原则将教学内容分解成合理的层次，使学生层层有进展，感到自己有进步．"多活动"，解决学生上课注意力不集中、记忆容量小、概括能力差的问题，改变教师大段讲解的倾向，让学生敢想、敢问、敢说、敢演、敢于表达，获得成就感，提高自信心，既张扬个性又激发了学生的潜在能力．"快反馈"在规定时间内，紧扣学习任务单，周密安排，师生互动，生生互动，组组互动合作，学习热情高，学习效果良好，达到预期的课堂效果．

（三）赴阳江海陵专题讲座，发挥辐射带动作用

根据《广东省教育厅办公室关于开展 2021 年"百千万人才培养工程"省级培养学员走进乡村教育活动（第二批）的通知》和《关于落实 2021 年"百千万人才培养工程"省级培养学员走进乡村教育活动（第二批）的通知》（省百千万项目办〔2021〕6 号）的要求，由省负责组织培养对象赴阳江市阳西县、海陵试验区走进乡村教育活动．

2021 年 11 月 16 日，本人有幸参加 2021 年下半年"百千万人才培养工程"省级培养对象走进乡村教育活动，赴阳江市海陵中学做题为"基于支架式教学下初中数学课堂教学的实践研究"的专题讲座，促进城乡教师互动交流，提升乡村学校教师的教育教学能力和教育管理水平，充分发挥"百千万人才培养工程"培养对象的示范引领和辐射带动作用．聆听本人的专题讲座后，阳江市海陵中学董昌忠校长作总结发言，本次专题培训活动，一是通过专家的讲授引领，帮助本校数学教师进一步明确基础教育改革和中考发展的新趋势，提高本校数学教师的教学能力和专业发展水平，在数学教学工作中发挥骨干示范引领作用；二是鼓励教师通过本次学习，把握中考时代脉搏，把学到的专业技能和创新理念、方法与自己的实际工作相结合，进一步促进自身专业成长，更好地教书育人，培养优秀学子．

（四）赴台山任远中学示范带学，提供可借鉴的课例

2021 年 12 月 16 日，为落实国家"双减"政策工作，进一步推进"学党史"走向深入，聚焦"办实事"要求，响应国家乡村振兴号召，结合《广东省推动基础教育高质量发展行动方案》，江门市教育局开展"学党史，办实事——融入式帮扶农村义务教育学校"主题实践活动,本人有幸参与该项活动,并到台山市任远中学执教《反比例函数》示范课,本课的教学设计重点围绕省级课题开展,以"五步五环"教学法为统领,突出支架式教学下初中数学概念课的课堂教学特色.

逐步凝练出"以情触教,以艺雕琢"的教学风格.通过对现实生活和数学中问题的分析,发现变量间的反比例关系,归纳得出反比例函数的概念,再运用反比例函数的概念对数学问题和现实生活中的问题进行分析,通过具体实例,确定反比例函数的解析式.使学生从上述不同的数学关系式中抽象出反比例函数的一般形式,让学生感受反比例函数的基本特征,发展学生用数学语言描述反比例函数的能力,使学生体会从实际问题中抽象出反比例函数的方法.

(五)彰显课题魅力,加强推广宣传

2020 年 5 月,在南方 PLUS 广东头条新闻资讯平台宣传报道《约见名师!江门网课名师榜 3 出炉》,"在 + 上课·江门线上课堂"携手江门市蓬江区教育局上线共四批 120 节精品课程,与精品课程同步分别推出四批蓬江名师榜,让江门学子在家上课的同时,也能约见名师、认识名师.课题组李月明老师执教网课《锐角三角函数》、刘飞梅老师执教《中考第二轮复习专题——代数与几何的综合》,两位名师在各自的任教内容中彰显课题魅力,颇有建树,独特新颖.

2021 年 8 月,蓬江在微信公众号发布《非必要不出省!86 节网课陪您过暑假》.为丰富暑假生活,蓬江区教育局邀请专家、名师为大家准备了融趣味性与知识性于一体的文化大餐,内容覆盖教师专业成长、学生素质提升及家庭教育等方面,着力打造学校、家庭、社会三位一体的假期教育平台,让教师、家长、学生足不出户,在家就能享受精彩纷呈的学习盛宴.其中初中数学网课,紫茶中学李月明老师制作了《数学里的规律王国》,怡福中学刘飞梅老师制作了《日历中的秘密》,两位老师均运用课题搭建脚手架,内容充实饱满,备受学生、教师、家长的欢迎.

五、研究成果

(一)凝练"五步五环"教学模式,形成《支架式深度中考精练》

《支架式深度中考精练》教辅资料一书,分为二十六小节共八大板块:数与式、方程与不等式、函数、三角形、四边形、圆、图形与变换、统计与概率，为九年级中考总复习提供资料素材．以支架理论为基础，思维导图领航，落实核心素养，紧贴本区学情、教情实际情况，精选全国中考真题，发展深度思维能力．

搭建支架，建构知识；

展开支架，夯实基础；

活用支架，提升能力；

拓展支架，深度学习；

撤销支架，反思内化．

（二）课题拓展与延续，省规划办立项课题

2021 年 8 月，本人主持的《支架式教学下促进初中数学课堂深度学习的实践研究》，经广东省教育科学规划领导小组办公室批准为 2021 年度中小学教师教育科研能力提升计划项目，课题编号为 2021YQJK154．让更多优秀骨干教师加入学术研究队伍，从课题研究现状、背景及意义、研究基本思路、研究内容、研究方法、组织、分工、进度、预期成果等方面进一步梳理、理清思路、明确方向、系统分工，课题组全体成员坚定信心，加强对支架式的教育理论与深度学习有机结合的研究，在原有的课题基础上，进一步拓展提升，深入探究．

（三）巧搭"学习支架"，助力数学学科的核心素养培养

数学教育的终极目标，即判断数学核心素养养成的依据是：会用数学的眼光观察现实世界、会用数学的思维思考现实世界、会用数学的语言表达现实世界．把握数学内容的本质，创设合适的教学情境，提出合理的问题，启发独立思考、与他人交流，让学生在掌握知识技能的同时感悟数学内容的本质，积累数学思维的经验，形成和发展数学核心素养．

巧搭问题支架，培养学生的数学抽象能力；

巧搭概念图支架，培养学生的直观想象能力；

巧搭情境支架，培养学生的数据分析能力；

巧搭范例支架，培养学生的数学建模、数学运算能力；

巧搭类比支架，培养学生的逻辑推理能力．

（四）重要阶段性研究成果（见表1）

表1

成果名称	作者	形式	完成年月	出版单位或发表刊物名称、刊号	获奖、转载、引用、应用情况
《构建问题串支架的数学复习课教学模式——以分式的综合运算课为例》	黎康丽	论文	2021年8月	发表在《数学教学通讯》第8期，ISSN 1001－8875，CN 50－1064/G4	中国知网检索转载31次获江门市优秀教学论文评比一等奖
《巧搭学习支架，触动数学思维》	黎康丽	论文	2021年2月	发表在《中小学数学》初中版第1－2期，ISSN 2095－4832，CN 10－1085/O1	中国知网检索转载114次
《与时俱进、勇探索、善反思、勤笔耕，助力教师专业成长》	黎康丽	个人访谈录	2020年5月	收录在《岭南教育之光——岭南名师成长故事》，ISBN 978－7－5491－2172－4	
广东省中小学"百千万人才培养工程"省级培养项目培养学员	黎康丽	个人荣誉	2021年6月		广东省教育厅
江门市第五批"名教师"培养对象	黎康丽	个人荣誉	2020年11月		江门市教育局
江门市首期青年教师培养项目"优秀学员"	黎康丽	个人荣誉	2020年9月		江门市教育局
蓬江区首批"智库教育专家"	黎康丽	个人荣誉	2020年11月		江门市蓬江区教育局
广东省"百千万人才培养工程"培养对象走进乡村教育阳江市海陵试验区进行示范带学	黎康丽	专题讲座	2021年11月		广东省中小学"百千万人才培养工程"项目执行办公室

成果名称	作者	形式	完成年月	出版单位或发表刊物名称、刊号	获奖、转载、引用、应用情况
江门市教育局、教育学会开展"学党史，办实事——融入式帮扶农村义务教育学校"主题实践活动	黎康丽	示范课	2021 年 12 月		江门市教育局
江门市初中数学名师大讲堂活动中，做省级课题"基于支架式教学下初中课堂教学的实践研究"及其阶段性成果交流	黎康丽	专题讲座	2020 年 9 月		江门市教育研究院
《新课程实施中提高初中数学教师教学设计能力的研究与实践》获江门市普通教育教学成果二等奖	黎康丽	教育教学成果	2020 年 5 月		江门市教育局
广东省商庆平名师工作室送教下乡活动	黎康丽	示范课	2020 年 11 月		广东省商庆平名师工作室
指导紫茶中学李月明老师在广东省中学青年教师数学问题讲授核心片段展示评比中荣获特等奖	黎康丽	指导奖	2021 年 7 月		广东省教育学会中学数学专业委员会
指导荷塘中学周章富老师在广东省中学青年教师数学问题讲授核心片段展示评比中荣获一等奖	黎康丽	指导奖	2021 年 7 月		广东省教育学会中学数学专业委员会

成果名称	作者	形式	完成年月	出版单位或发表刊物名称、刊号	获奖、转载、引用、应用情况
指导实验中学陈铭波老师参加江门市春季初中数学优质课例（说播课）展评活动荣获一等奖	黎康丽	指导奖	2020年6月		江门市教育研究院
指导紫茶中学李月明老师参加江门市春季初中数学优质课例（说播课）展评活动荣获一等奖	黎康丽	指导奖	2020年6月		江门市教育研究院
指导怡福中学郑燕玲老师参加江门市春季初中数学优质课例（说播课）展评活动荣获一等奖	黎康丽	指导奖	2021年6月		江门市教育研究院
指导实验中学黄兰芝老师参加江门市春季初中数学优质课例（说播课）展评活动荣获二等奖	黎康丽	指导奖	2021年6月		江门市教育研究院
《中学数学专题复习中支架式教学策略的运用——以"二次函数综合题之特殊角存在性问题"为例》	李月明	论文	2021年7月	《数理化解题研究》CN23—1413/G4 ISSN1008—0333	知网可查被转载10次
《基于建模素养的支架式复习课设计策略》	李月明	论文	2020年9月	《数学学习与研究》CN22—1217/O1 ISSN1007—872x	知网可查被转载10次
《妙用支架式教学促启几何章起始课思维》	李月明	获奖论文	2021年7月		2021年广东省中学数学教育论文评比特等奖

成果名称	作者	形式	完成年月	出版单位或发表刊物名称、刊号	获奖、转载、引用、应用情况
《"四基"视角下疑难问题深度思维推进教学设计——以"函数值的大小比较"复习为例》	李月明	获奖论文	2020 年 7 月		荣获第二届广东省"中考数学疑难问题教学设计"评比二等奖
《航标解密之旅》	李月明	教学技能获奖	2021 年 7 月		荣获 2021 年广东省中学青年教师数学问题讲授核心片段展示评比特等奖
广东省 2020 年"双融双创""学科融合创新教学案例"	李月明	教学技能获奖	2020 年 12 月		省三等奖
2020 年江门市教育教学信息化交流展示	李月明	教学技能获奖	2021 年 3 月		市二等奖
江门市 2020 年初中教师教学基本功比赛数学科	李月明	教学技能获奖	2020 年 12 月		市二等奖
江门市 2020 年春季初中数学青年教师优质课例（说播课）展评	李月明	教学技能获奖	2020 年 6 月		市一等奖
2019 年江门市教师教育教学信息化交流及新媒体新技术教学应用	李月明	教学技能获奖	2020 年 3 月		市三等奖
《平行四边形》2020 年蓬江区教师教育信息化交流及新媒体技术教学应用评比	李月明	教学技能获奖	2021 年 3 月		区一等奖

续表

成果名称	作者	形式	完成年月	出版单位或发表刊物名称、刊号	获奖、转载、引用、应用情况
《二次函数综合题之特殊角存在性问题》	李月明	教学技能获奖	2021年3月		荣获2020年蓬江区教师教育信息化交流及新媒体技术教学应用评比一等奖
《运用支架式教学模式，有效提升中考压轴题解题能力》	刘飞梅	论文	2021年5月	《中小学教育》6月刊 CN 11－4299/G4	
《基于支架式教学模式下的初中数学数学深度学习的研究—以初三代数几何综合压轴题复习为例》	刘飞梅	论文	2021年7月		省一等奖
《巧建反比例函数 k 的几何意义模型 妙解中考题》	刘飞梅	论文	2021年3月		市一等奖
《立足基础 提炼方法》	刘飞梅	论文	2020年2月		市一等奖
2020年度优秀共产党员	刘飞梅	个人荣誉	2020年7月		蓬江区教育局
蓬江区第五批名师	刘飞梅	个人荣誉	2021年7月		蓬江区教育发展中心
蓬江区初中数学兼职教研员	刘飞梅	个人荣誉	2020年1月		蓬江区教育局
江门市初中数学核心教研组成员	刘飞梅	个人荣誉	2021年1月		江门市教育局
江门市初中教师教学基本功比赛	刘飞梅	教学比赛	2020年12月		市二等奖

续 表

成果名称	作者	形式	完成年月	出版单位或发表刊物名称、刊号	获奖、转载、引用、应用情况
巧用中点公式，妙求二次函数中平行四边形的顶点问题	刘飞梅	教学设计	2020年7月		省一等奖
《基于支架式教学下促进学生深度学习的教学实践与思考》	吴　煌	获奖论文	2021年7月		广东省教育学会中学数学专业委员会一等奖
《角的平分线的性质》	吴　煌	教学案例	2020年5月		广东省第二师范学院省级中小学教师发展中心"中小学在线教学案例"评比二等奖
《巧搭学习支架，引领学生实现深度学习》	吴　煌	论文	2020年12月	发表《师道》教研版 ISSN1672—2655 CN44—1299/G4	广东教育学会论坛征文评比二等奖
《巧搭助学支架，促进学生深度学习》	吴　煌	论文	2021年3月		江门市优秀论文评比一等奖
《巧搭助学支架，促进学生深度学习》	吴　煌	论文	2020年12月		蓬江区优秀论文评比一等奖
广东省乡村骨干教师能力提升高端研修初中数学班"优秀学员"	吴　煌	个人荣誉	2020年8月		广东第二师范学院数学系
蓬江区"学科带头人"	吴　煌	个人荣誉	2021年8月		江门市蓬江区教育局
江门市教师基本功比赛数学科二等奖	吴　煌	教学评比	2020年12月		江门市中小学教研室

成果名称	作者	形式	完成年月	出版单位或发表刊物名称、刊号	获奖、转载、引用、应用情况
《角的平分线的性质（复习课)》在江门、广州、佛山、肇庆、云浮、韶关六市微课征集活动荣获二等奖	吴 煌	微课评比	2021 年3 月		江门市教育局
课例《平行线的判定》被评为 2019 年"一师一优课、一课一名师"活动蓬江区区级"优课"	吴 煌	评比课	2020 年1 月		江门市蓬江区教育局
教学课件《矩形的性质》在 2019 年蓬江区教师教育教学信息化交流及新媒体新技术教学应用活动中荣获三等奖	吴 煌	评比课	2020 年3 月		江门市蓬江区教育局
微课《角的平分线的性质专题练习题》在 2020 年抗疫期间进行线上教学展示，效果良好	吴 煌	示范课	2020 年6 月		江门市蓬江区教师发展中心
教学设计《平方差公式》在广东省 2019 年乡村骨干教师能力提升高端研修班优秀教学设计交流评选活动荣获一等奖	吴 煌	教学设计评比	2020 年8 月		广东第二师范学院数学系
江门市名师大讲堂授课《旋转之美》	吴 煌	示范课	2020 年11 月		江门市教育研究院

续　表

成果名称	作者	形式	完成年月	出版单位或发表刊物名称、刊号	获奖、转载、引用、应用情况
《巧用支架教学模式，启发学生深度思考》	陈铭波	论文发表	2021 年 10 月	《初中数学教与学》 CN：32 - 1392/G4 ISSN：1007 - 1849	
《巧用支架教学模式，启发学生深度思考》	陈铭波	论文获奖	2021 年 7 月		广东省中学数学教育论文（初中组）征集活动一等奖
《支架式教学法在螺旋式教学模式中的应用》	陈铭波	论文获奖	2020 年 12 月		江门市蓬江区论文评比二等奖
蓬江区第五批"名教师"	陈铭波	个人荣誉	2021 年 8 月		蓬江区教育局
蓬江区教育系统"优秀共产党员"	陈铭波	个人荣誉	2021 年 7 月		蓬江区教育局
蓬江区第三批"名师"工作室优秀学员	陈铭波	个人荣誉	2020 年 11 月		蓬江区教育局
2020 年江门市初中数学教师优质课例（说播课）比赛一等奖（第一名）	陈铭波	评比课	2020 年 6 月		江门市教育研究院
《垂直于弦的直径》	陈铭波	评比课	2020 年 3 月		获江门市教师教育教学信息化及新媒体技术教学应用活动一等奖
课例《数学活动》被评为"一师一优课，一课一名师"活动蓬江区区级"优课"	陈铭波	评比课	2020 年 1 月		区一等奖

续 表

成果名称	作者	形式	完成年月	出版单位或发表刊物名称、刊号	获奖、转载、引用、应用情况
课例《复习题5》被评为2"一师一优课，一课一名师"活动蓬江区区级"优课"	陈铭波	评比课	2020年1月		区一等奖
蓬江区教师教育教学信息化及新媒体新技术教学应用活动一等奖	陈铭波	评比课	2020年3月		区一等奖
活用支架式复习 巧破中考题难点——以中考之分式方程的实际应用为例	董信越	发表论文	2021年9月	《教学与研究》CN11－1454/G4，ISNN0257－2826	中国期刊网可查
活用支架式复习 巧破中考题难点——以中考之分式方程的实际应用为例	董信越	获奖论文	2021年7月		广东省中学数学教育论文（初中组）评比一等奖
江门市蓬江区"最美教师"	董信越	个人荣誉	2020年8月		蓬江区教育局
2019年"一师一优课、一课一名师"蓬江区区级"优课"		个人荣誉	2020年1月		区一等奖
2019年蓬江区教师教育教学信息化及新媒体新技术教学应用活动中二等奖		个人荣誉	2020年3月		区二等奖

续　表

成果名称	作者	形式	完成年月	出版单位或发表刊物名称、刊号	获奖、转载、引用、应用情况
蓬江区紫茶中学七、八、九年级数学、江门市怡福中学七、八年级数学、江门市棠下初级中学七、九年级数学、江门市第九中学八年级数学、江门市第八中学八年级数学、江门市培英初级中学九年级数学、杜阮镇杜阮中心初级中学八年级数学被江门市教育研究院授予"2021年江门市集体备课优秀成果奖"		集体荣誉	2021年9月		江门市教育研究院
江门市实验中学数学科组被江门市教育局授予"江门市2020年初中示范教研组"荣誉称号		集体荣誉	2021年5月		江门市教育局
棠下镇虎岭初级中学九年级数学备课组、江门市怡福中学九年级备课组，被江门市教育局授予"2020年江门市优秀备课组"荣誉称号		集体荣誉	2020年12月		江门市教育局

续 表

成果名称	作者	形式	完成年月	出版单位或发表刊物名称、刊号	获奖、转载、引用、应用情况
杜阮镇楼山初级中学七年级数学、江门市第八中学八年级数学、江门市第九中学八年级数学、蓬江区荷塘中学八年级数学、棠下初级中学九年级数学被江门市教育研究院授予"2019—2020学年度集体优秀备课组"荣誉称号		集体荣誉	2020年10月		江门市教育研究院

六、课题存在的问题及今后的设想

（一）存在的问题

相关的教育教学理念、理论水平仍存在不足，研究视野不够开阔，少部分教师的教学观念还是比较陈旧，教学设计把握不到位，教育理论水平和研究能力有待进一步提高．

（二）今后的设想

对课题"基于支架式教学下初中数学课堂教学的实践研究"，我们要在实践中完善，将研究成果转化为实践成果，在总结中提升、推广，与此同时，带动子课题研究与发展，借助课题促进教学，促进学校教育教学质量的全面提升．科研引领，整体设计区域教研，以课题研究为切入口，加大对教师培训的力度，开阔教师的视野；激发教师参加教育科研的热情，在课题研究中，提高教师的综合素养，优化教学过程，增强教学效果，提高教学质量，形成一支勇于开拓创新的新型数学教师队伍．

综上所述，通过两年多的实验与探索，充分证明了开展课题"基于支架式教学下初中数学课堂教学的实践研究"的重要性，从过程和成果来看，课题是有重要的现实意义的，从发展的角度看，课题的研究对提高教师的综合素质具有深远的意义，从操作过程和实验成果来看，是科学的、有效的实践和研究过程，但问题总是会随着研究的深入而产生，我们将继续进行新的研究，向更高、更新的目标奋进.

"新课程中提高初中数学教师教学设计能力的研究"研究报告

一、研究背景及意义、价值

（一）研究背景

在新一轮基础教育课程改革中，每一位教师都在重新审视自己、改变自己、重塑自己．教师角色的转变使新的教学设计理念应运而生，新的教学设计理念必然要求教师教学设计能力的提高．与新的教学设计理念相比，目前的课堂教学设计存在滞后的现象．

1. 缺乏创新教学设计的意识

与传统的教学设计相比，新课程中的教学设计，教师的创造性劳动所占的比重越来越大．但从我们部分教师平时的备课中也可以发现，有些教师完全是以或基本是以"教材内容和教学参考书怎样要求，我就怎样教"的观念去备课；也有些教师钟情于《优秀教案选》等教学参考书，照搬别人的教学设计；还有些教师备课时从别人的教学设计中剪裁某些环节重新组合，形成简单的教学思路等．

2. 缺少符合新理念的教学设计实践

教学设计是实施新课程的重要环节，从目前教师的课堂教学来看，教学设计存在一定的问题：

（1）偏重知识传授设计，忽视培养能力、智力、非智力的设计．

（2）偏重教学内容设计，忽视教学目的设计．

（3）偏重课内知识设计，忽视课外知识联系的设计．

3. 忽视教学中的适时调整和教学反思

部分教师的教学设计仅仅局限于教学前的预设，基本上由教学目标、教学内容、教学准备、教学过程等部分组成．教学设计中没有关注教学对象的存在，没有预测课堂教学中可能产生的情况．这样的教学设计只是教学准备的结果，不能适应课堂的复杂性，不能体现教师的专业性．尤其是伴随着课堂教学的结束，教学设计也就画上了句号．这种封闭性的设计过程，阻碍了教师教学能力的发展，也影响了新课程标准的实施．

（二）学术价值

本课题的实施，将促进教师观念和行为的改变，推动教师角色的转变，提升教师的综合素养，增强教师的创新意识；本课题的研究着眼于对教学过程的全程优化，与课堂教学实践紧密相连，有助于提升教学质量，积极推进课程改革，改变教师的教学生活，使教师在研究的状态下工作，实现教师的专业发展．

（三）应用价值

以课程实施为背景，以新课程理念为核心，构建新课程理念与教学实践之间的立体桥梁，在实践中引领教师实现"三大转向"：以教师的教为本位的教学观转向以学生的学为本位的教学观；以书本知识为本位的价值观转向以学生发展为本位的价值观；以静态教案为本位的备课观转向以动态方案为本位的设计观，帮助教师提高课堂教学效率，提升专业水平，为学生明天的可持续发展奠基．

二、国内外研究的历史和现状

国外教学设计研究从 20 世纪 60 年代起步，先后产生了由加涅、罗米索斯基、梅里尔、赖格卢特、史密斯和雷根等提出的一系列富有特色的教学设计理论．特点是整体上综合考虑教学过程的各种因素．80 年代中期以后，我国教育教学工作者开始关注国外的教学设计理论，其中比较有影响的是《多媒体组合教学设计》和《教学设计》这两本书．90 年代中期，"主导—主体"教学设计方法的提出，是我国教学设计研究的理论性突破．以上国内外教学设计理论及研究成果为本课题的研究提供了基础和借鉴．

随着新一轮课程改革的启动，有关新理念课堂教学设计的研究越来越受到人们的关注．注重教学设计理论的研究和教学模式的构建，涌现了一批较有影响力的教学设计模式，但忽视了对教学设计实践的反思性教学研究．而本课题的研究注重对新课程理念下教学设计样式的研究和优化课堂教学设计的策略研究，对教师教学设计能力现状的分析，也对教师教学设计能力提出新的要求，从教师自身进行反思并提出相应解决问题的方法或途径．

教学设计是教师对课程实施的设想、计划、方案，是教师将教育理念付诸实践的起点，是教育理念与教学实践的实现方式．从某种程度上讲，有什么样的教学设计，就有什么样的课堂教学行为，教师自身的教学设计能力决定了课堂教学效果．因此要将新课程理念落实于课堂教学，真正解决实践层面的问题，有必要开展"新课程中提高初中数学教师教学设计能力的研究"．

"提高初中数学教师教学设计能力"主要是以新课程实施为背景，以初中数学教师为研究对象，摸索提高教师教学设计能力的方法或途径，加深教师对新课程的认识与创新，促使教师自觉用新课程中的理论解决教学中的问题，积极推进课程改革．

三、研究方法和研究手段

1. 研究方法

本课题研究主要采取行动研究法、个案分析法和经验总结法，辅以文献法．

（1）行动研究法：本课题以行动研究为基础，在研究中对自己的教学行为进行观察与反思，并通过课题理论学习、教学设计评析、教学过程检查、组织教学评价等活动，检验研究成果，探讨新的研究重点和方向．

（2）个案分析法：针对具体情况，对教师进行个案研究，以教学实际为基础，对他们在教学设计中存在的问题进行分析与研究，寻找对策，逐步提高他们的教学设计能力，总结具有共性的规律．

（3）经验总结法：根据教学实践提供的材料及时进行归纳与总结，在反思中积累经验，探讨新课程理念在教学设计中的运用．

2. 研究手段

（1）教学不只是课程传递和执行的过程，还是课程创生与开发的过程．鼓励教师进行创造性的教学，不断提升教师自身的教学设计能力．

（2）教师应当在教学过程中采用全新的教学模式、全新的教学方法和全新的教学设计思想．

（3）系统优化思想的核心，就是从整体上达到最优设计、最优控制、最优管理，实现系统综合最优化．

四、研究计划

本课题研究分四个阶段完成，时间跨度为 2016 年 6 月—2018 年 7 月，研究的具体步骤如下：

1. 准备阶段（2016 年 6—7 月）

撰写课题实施方案，完成课题申报，深入研究，寻找对策.

2. 实施阶段（2016 年 8 月—2017 年 8 月）

开展教学设计专题研讨会，开展 2016 年蓬江区初中数学教师教学设计评比，开展 2017 年蓬江区初中数学教师教学设计论文活动. 同时，以怡福中学为实验学校开展各项活动，辐射引领全区各学校联动起来.

3. 提高阶段（2017 年 9 月—2018 年 5 月）

撰写课题研究中期报告，举办研究性阶段成果交流活动等. 开展 2017 年蓬江区初中青年教师数学问题讲授核心片段评比，开展 2018 年蓬江区初中数学优质课评比活动.

4. 结题验收阶段（2018 年 6—7 月）

做好课题所有资料的搜集和整理，完成课题研究报告.

五、研究的总体框架和基本内容

新课程背景下的教学设计是一个动态发展、不断修正的过程. 在这一过程中，主要研究以下几个方面：

1. 提高教师分析学情、教情的能力

（1）教师分析学情，以学生的认知发展水平和已有的经验为基础，面向全体学生，分析学生的心理特点、理解能力、思维能力、学习动机、不同层次或不同类型学生的具体情况等.

（2）教师分析教情，要发挥主导作用，处理好讲授与学生自主学习的关系，引导学生独立思考、主动探索、合作交流，使人人都能获得良好的数学学习效果，使不同的人在数学上得到不同的发展.

2. 提高教师设计教学目标的能力

新课程标准明确提出"四基"是数学课程与教学的基本目标，即使学生获得适应社会生活和进一步发展所必需的数学基础知识、基本技能、基本思想、基本活动经验．总体目标从四个方面具体阐述：知识技能，数学思考，问题解决，情感态度．

（1）注重分析问题能力和解决问题能力的培养．

（2）发现问题能力和提出问题能力的培养．

（3）演绎推理能力的培养．

（4）归纳推理（含类比）能力的培养．

3. 提高教师创设教学情境，营造学习氛围的能力

根据学生已有的知识经验，将生活情境与教学情景进行链接，从而创设一种能调动学生生活积累，激发学生学习兴趣的课堂情境，并要求把学习任务全部置于情境中，要求教师设定现实的情境，汲取学生切身的生活体验，与学生展开直接的、面对面的对话．这样，学生会习得富于真情实感的、能动的、有活力的知识，学生的人格也会得到陶冶．

在数学发展史上有许多与数学教学有关的历史典故、动人故事，在日常生活中也有许多和讲课内容相关的实例，引入有趣的数学游戏，利用实物、教具模型使抽象的知识具体化、形象化，为学生架起由形象向抽象过渡的桥梁，把学生的好奇心转化为浓厚的学习兴趣，使学生的思维活跃起来，营造良好的学习氛围．

4. 提高教师安排教学过程的能力

新课程理念下的教学让学生感悟：从低维空间的结果推断高维空间结果的过程，从一些结果出发得到一般结果的过程，通过教学过程，帮助学生积累思维的经验，逐渐形成自己的、合理的思维方法，也给广大数学教师提供施展智慧和才能的舞台．

（1）概念课的教学过程设计

数学概念是进行数学推理和证明的基础和依据，先从大量的实际例子出发，经过比较、分类，从中找出一类事物的本质属性，再通过具体例子对所发现的属性进行检验与修正，最后概括得到数学概念．其过程为：提供概念例证——抽象出本质属性、形成初步概念——概念的深化（辨析）——概念的运用．

（2）命题课的教学过程设计

数学中的命题主要包括公式、法则、定理和性质，让学生自己发现命题，进而掌握和运用数学命题，教师要设计一些能说明命题的例子或一连串的问题，让学生从若干实例中归纳出一般结论．探究式学习的过程：小组观察、讨论、归纳、猜想——动手操作、实践——自主探究、思考——计算、推理、验证．

5. 提高教师利用教学资源的能力

教学设计中，教学资源的利用主要是指基础资源的利用，如学生已经具有的知识基础、生活经历、社会生活中不断出现的事物等，这些都可能进入中学课堂教学，提高学生学习中的输入量．作为教师来说，也应该对之进行一定的精选和再组织，以提高教学质量．

（1）教师如何根据教学内容拓展教学资源，对教材进行二次开发．

（2）教师如何将生活资源有机地链接到课堂，实现课堂教学生活化．

（3）教师如何根据教学资源的可利用性进行媒体设计．

6. 提高教师选择教学方法的能力

在教学目标和教学内容确定以后，教学方法就成了实现教学目标、完成教学任务的关键，因此选择对某节课最有效的教学方法是教学设计的核心部分．新课程理念下的中学数学教学方法：

（1）发现式教学法：使学生像数学家那样去发现问题、研究问题、解决问题、总结规律，成为知识的发现者，主动获取知识．

（2）探究式教学法：学习发现问题的方法，培养、提高学生的创造性思维能力，分析思维过程，形成新的认知结构．

（3）讨论式教学法：通过师生之间问答的谈话来完成教学任务，鼓励学生讨论与争辩，在讨论中提出具有突破性的建议，及时认可并做出评价．

（4）计算机辅助教学法：利用信息技术的强大功能辅助初中数学教学，揭示数学知识的本质，通过动态的"视觉盛宴"，让学生留下深刻的印象．

（5）三疑三探教学法：设疑自探——解疑合探——质疑再探——拓展运用．

7. 提高教师教学失效时设计对策的能力

新课程理念下，由于学生自主学习的空间扩大，学生自主性、个性化学习情况是难以预先设想的，这就需要教师根据自身的教学经验预测不同学生的学习状况，继而设计针对不同学生的多项指导措施，这样课堂上才能根据学生的学习状况进行到位而恰当的点拨、引导、评价．

（1）教师如何预测不同学生的学习结果，课堂教学中各种因素对学生学习结果的影响.

（2）教师针对学生不同的学习状况如何预测反馈内容和反馈方式.

8. 提高教师教学反思的能力

反思贯穿于教学设计的全过程，思效、思得、思失、思改；记败笔之处，记成功之举，记精彩瞬间，记再教设计；学生的学习效果要"当堂反思""周期反思"，课堂上不尽如人意，低估或高估学生能力的地方需要反思，"思"的最终目标是"改"，通过对各个教学环节的得失进行分析，形成良好的教学风格、教学习惯、教学素养.

六、拟突破的重点、拟解决的关键问题及主要创新之处

1. 拟突破的重点

本课题关注的是教师如何"育己"的问题，重点是摸索提高教师教学设计能力的方法或途径，加深教师对新课程的认识与创新，促使教师自觉用新课程中的理论解决教学中的问题，积极推进课程改革.

2. 拟解决的关键问题

本课题以实施新课程为前提，研究对象是教学设计的开发者教师，关键是研究与课堂教学实践紧密相连的教师的教学设计能力是否可以得到有效的提高.

3. 主要创新之处

本课题研究坚持预设与生成的辩证统一，教师的教学设计必须充分考虑到师生双向合作过程中的创新，充分根据学情来灵活应变，充分关注学生个体差异和不同学习需求的"弹性设计".坚持探索与反思有机结合，在行动中研究，在研究中反思，在反思中前进，满足教师自身专业发展的需求.

七、研究主要过程

1. 打造精品课堂，汇编教学设计案例集

2016年11月，本区开展以"新课程实施为背景，提升初中数学教师教学设计能力"为主题的教学设计评比，用新课程中的理论解决教学中的问题，积极推进新课程改革.具体要求与安排如下：

参加对象：全区初中数学教师均可参加，在各学校评比的基础上，提交1～2篇优秀教学设计.

内容要求：新人教版七年级至九年级的初中数学教学内容（以 2011 年版数学课标为准），主题自定．

教学设计的要求：以新课程实施为背景，以新课程理念为核心，构建新课程理念与教学实践的立体桥梁．主要包括以下几个方面：

（1）分析学情、教情。如：学生已有的学习基础、目前的学习动机、不同层次或类型学生的情况；教师的课程和教学理念等．

（2）分析教学目标。如：确立多元目标，对三维目标进行有效整合；根据学与教的原理体现教学目标的层次性；兼顾"个性化"的目标等．

（3）创设教学情境。如：根据学生已有的生活经验，将生活情境与教学情境进行链接，营造良好的学习氛围；将学习任务与教学情境有机融合，促进学生主动学习；进行多种教学情境的整合；实现教学情境创设的最优化等．

（4）安排教学程序。教师能根据教学对象的实际情况，对教材内容进行最恰当的组合，如：以教学目标为主线设计一个整体的教学思路；根据学生的需要合理分配教学时间；根据学生的认知规律将各个教学环节自然、有机地衔接等.

（5）善用教学资源。如：根据教学内容拓展教学资源，对教材进行二次开发；将生活资源有机地链接到课堂，实现课堂教学生活化；根据教学资源的可利用性进行媒体设计等．

（6）教学方法的选择。如：以学生为中心真实有效地开展活动，促进学生全面发展；设计具有思考与启发价值的问题，调动学生学习的积极性；把握合作学习的策略；综合运用各种教学方法，发挥教学方法的整体功能等．

（7）教学失效时设计对策。教师预测不同学生的学习结果，以及课堂教学中各种因素对学生学习结果的影响；教师针对学生不同的学习状况，预设反馈内容和方式．

（8）教学反思。反思贯穿于教学设计的全过程，教师能够在反思中"学会教学"．教学有其延续性，教后要反思自己的教学行为、教学环节、学生的变化，在学生的"错误"中求发展，在教师"认可"中自我肯定，在"失败"中寻发展，在教材的"开掘"上谋发展．

评选结果：一等奖 5 人，二等奖 9 人，三等奖 12 人．具体名单如表 1：

表1

等级	学校	姓名	题目
一等奖	第九中学	曹少瑜	探索勾股定理
	楼山初中	胡引娟	从生活走向数学，从数学走向生活
	陈白沙中学	罗军义	一次函数的图像和性质
	潮连中心学校	曾春文	全等三角形的判定
	怡福中学	关银芳	有理数的加法
二等奖	怡福中学	胡倩洁	二元一次方程组的解法
	实验中学	李晓文	一元一次不等式组
	棠下中学	欧佩娥	平行四边形及其性质
	杜阮初中	谭艳霞	等腰三角形
	华侨中学	郑小华	二次函数的图像和性质
	虎岭初中	张国材	平行四边形
	第八中学	周婉莲	平行线的性质
	楼山初中	何容娇	角平分线的性质
	荷塘中学	莫月霞	平面直角坐标系
三等奖	虎岭初中	周展英	中位数与众数
	实验中学	陈铭波	算术平方根
	棠下中学	宋秋妹	比较线段的长短及其性质
	华侨中学	邝炳湛	整式的加减
	港口中学	张耀华	平行线的判定
	第八中学	陈海辉	反比例函数
	培英初中	梁鸿岗	不等式及其解集
	第九中学	李国鹏	平行线的性质
	荷塘中学	容洁泳	同类项
	杜阮初中	黄均耀	日历中的数学
	陈白沙中学	黄艳珍	与圆有关的位置关系
	培英初中	李　敏	同底数幂的乘法

此次活动的开展对"新课程中提高初中数学教师教学设计能力的研究"进一步加深探究，摸索提高教师教学设计能力的方法或途径，促进教师对新课程

的认识与创新，使教师自觉用新课程中的理论解决教学中的问题，引领教师实现以学生的学为本位的教学观、以学生发展为本位的价值观、以动态方案为本位的设计观"三大转向"，积极推进课程改革.

2. 开展我区数学问题讲授核心片段评比

2017 年 10 月，为配合省、市初中青年数学教师问题讲授核心片段评比活动的开展，本区组织开展"蓬江区初中青年教师数学问题讲授核心片段评比"活动. 具体安排如下。

参评对象：蓬江区现任初中数学教师，年龄 40 岁以下，均可报名参赛. 在选拔的基础上，各学校选派 1 名教师参加全区初赛.

参评要求：本次活动形式为现场讲课（无学生，无黑板，有电脑投影屏幕）. 每位选手讲课时长为 15 分钟以内. 讲课须针对某个数学核心的问题（如某个概念发生过程、定理完整证明、例题和练习题的完整解答，等等），讲课在形式上要过程完整（即概念发生过程完整，或定理证明过程完整，或者例题和练习题的解答过程完整）. 在展示数学问题讲授核心片段过程中，可以适当插入微课视频或上课的图片、视频片段等.

参评内容：圆（圆有关性质、点和圆、直线和圆的位置关系、正多边形和圆、弧长和扇形面积）

初赛安排：第一小组组长：胡引娟老师（楼山初中），第二小组组长：易发平老师（华侨中学），10 月 19 日进行全区初赛评比活动，评比工作由两位组长主持及各学校数学科组组长（或备课组组长）负责，每小组选拔前 3 名优秀选手参加 10 月 26 日全区决赛.

决赛安排：10 月 26 日进行全区决赛，决赛地点：怡福中学五楼多媒体室. 决赛当天，各参赛选手须上交数学问题讲授核心片段教案（A4 纸）打印一式 8 份.

评奖应用：参加本次评比活动的选手由蓬江区教学教研室统一颁发荣誉证书，进入初赛但没有进入决赛的选手，均为区三等奖. 进入决赛的 6 位选手再次选拔争夺区的一、二等奖. 在全区一等奖的选手中，选拔 1 名优胜者，参与市、省的总决赛，请各学校组织数学教师前往观摩学习.

评选结果：一等奖 3 人，二等奖 4 人，三等奖 8 人. 具体名单如表 2：

表2

等级	学校	姓名
一等奖	实验中学	陈铭波
	第九中学	曾燕香
	荷塘中学	周章富
二等奖	杜阮初中	姚廷监
	虎岭初中	张国材
	第八中学	蔡春蔼
	五邑碧桂园学校	余满军
三等奖	陈白沙中学	张金枝
	港口中学	黄永伟
	培英初中	陈锡聪
	怡福中学	刘飞梅
	潮连中心学校	曾春文
	棠下中学	张 华
	楼山初中	庞鸿婷
	华侨中学	邝炳湛

其中，来自实验中学的陈铭波老师勇夺本区一等奖，并代表江门市参加广东省中学青年教师数学问题讲授核心片段现场展示，与来自本省各地43位参赛选手同台比拼，最终获得广东省一等奖的好成绩．本次比赛采取现场讲授的形式，针对初中阶段某个数学核心问题进行片段授课，在当天的比赛中，陈老师讲授的内容为"二次根式的乘法"，教学设计是以"数学实验室"为核心亮点进行展示，通过操作实验的教学模式，让学生更直观地发现数学规律，激发学生的学习兴趣．本次比赛是一次高水平的较量，参赛选手均是经各地级市层层选拔的优秀教师，能在众多的优秀选手中脱颖而出，实属不易，陈老师最终凭借深厚的教学功底、高超的课堂驾驭能力，获得省一等奖．

另外，还有6位教师分别荣获广东省青年教师数学问题讲授核心片段评比一、二等奖，分别是第九中学曾燕香老师、荷塘中学周章富老师，杜阮初中姚廷监老师，虎岭初中张国材老师，第八中学蔡春蔼老师，五邑碧桂园学校余满军老师．获奖选手共 7 位，其中有 5 位是本区骨干培训学员．此次比赛进一步推进本区中学数学在新课程背景下的课堂教学改革，进一步提高骨干教师、青年教师的教学设计能力和专业素质，加强其对教材整体把握的研究，深化对数学核心问题的理解，提高课堂教学效率．

3. 开展本区初中数学优质课评比活动

2018 年 3 月，根据"关于举办'江门市中学青年数学教师优质课评比'活动的通知"精神，我区组织蓬江区初中数学优质课评比，具体安排如下：

参评要求：每所学校推荐一名教师参加评比，要求在职现任数学教师，年龄 40 岁以下（1978 年 9 月 30 日以后出生）．

参评内容：新人教版七年级下册第九章第一课时"9.1.1 不等式及其解集"，即第 114～115 页．

参评资料：上交刻录光盘，包括 40 分钟完整一节课的课堂实录以及电子版教学设计，另上交教学设计纸质稿一式两份．

评奖应用：参加本次评比的选手由蓬江区教研室颁发荣誉证书．在全区一等奖的选手中，选拔 1 名优胜者，参加江门市优质课评比的决赛．

评选结果：一等奖 3 人，二等奖 4 人，三等奖 8 人．具体名单如表 3：

表 3

等级	学校	姓名
一等奖	怡福中学	杨　琨
	实验中学	谢婉嫦
	楼山初中	欧阳玉瑜
二等奖	陈白沙中学	张丽瑶
	潮连中心学校	曾春文
	第九中学	王书讲
	第八中学	陈海辉
三等奖	港口中学	张珊珊
	棠下中学	伍黎清
	培英初中	周小洋

等级	学校	姓名
三等奖	五邑碧桂园学校	王林强
	杜阮初中	丘洁丽
	虎岭初中	张春凤
	华侨中学	谭炜坤
	荷塘中学	华本秀

其中，来自怡福中学的杨琨老师勇夺本区一等奖第一名，并代表本区参加在新会葵城中学举行的江门市初中数学优质课评比活动．本次比赛共有来自全市各市区的9位教师参加，9位参赛教师的课堂风格多样，各具特色，精彩纷呈．代表本区参赛的杨老师以出色的专业素养、扎实的教学功底、先进的教学理念、精巧的教学设计，赢得了评委的充分肯定和观摩教师的高度好评，并获得了市一等奖第一名的好成绩．在区教研员的精心指导下，在学校数学科组的合力帮助下，杨老师用心准备、细心打磨，运用微课视频引入、"学案导学，小组合作"课堂教学模式，构建以学生为主体的探究性高效学习课堂．优秀成绩的取得凝聚了学校数学团队的激情和智慧，更是本区不断大力推进教育教学改革，持续深化"基于新课程的初中数学教师教学设计能力提升的行动研究"，切实强化教师专业发展的成果．

4. 构建数学教研共同体，创新教研新模式

2017年2月，成立本区第一期初中数学青年骨干教师培训班．创新教研模式，增强教学、教研和科研能力，提升教书育人质量和水平，让热爱数学教育的初中数学教师自愿参与学术研究，通过开展数学教育教学研究活动，丰富骨干成员的理论知识，培养骨干教师，探索区域性数学教学流派，形成蓬江初中数学教研共同体的共同理念——积极、务实、高效、专业，构建了蓬江初中数学教研共同体的运行机制，让青年骨干教师迅速成长，成为区域内名教师培养对象，打造精品课程、微课、论文、课题、信息技术等教研活动．

在本课题的基础上，骨干培训班的教师分为6个小组，积极踊跃成立子课题或独立课题（见表4）．

表4

学校	课题名称	主持人
棠下中学	新课程下农村初中数学教师教学设计能力提升的研究	吴锦珠
实验中学	初中数学微课的教学设计策略研究	陈铭波
第八中学	基于核心素养下的初中生数学思维能力培养策略研究	董信越
潮连中心学校	"互联网＋教育"与初中数学教学有效融合的探索研究	陈宝仪
陈白沙中学	小组合作学习模式下提升初中学生数学建模思想的研究	李月明
第九中学	初中数学小组合作学习的有效性的研究	曹少瑜

其中，"新课程下农村初中数学教师教学设计能力提升的研究"的开展有独特之处，是由棠下中学吴锦珠老师主持的．新课程的要求使教师的教学设计、学生的学习方式等都发生了较大变化，教师已经不仅仅是课程的实施者、执行者，还是课程的研究者、设计者．所以教师要提高自己的教学设计能力，要以各种方式调动和引导学生参与学习活动，引导学生在自己精心设计的环境中进行探索．棠下中学的学生主要来自棠下镇周边的农村，农村学生很多方面的能力都比不上城区学生，也可能因为这一点，学校开展教改几年效果不是很显著．针对本校的实际情况，如何提升数学教师的教学能力，从而在课堂教学中使每一位学生的数学能力都得到发展，就提出了对本课题的研究．研究着重在三方面：教师分析学情、教情的能力；教师创设教学情境，营造学习氛围的能力；教师安排教学过程的能力．在全国课改的大环境下，很多学校都实行"小组合作"。结合本校开展的教改活动，在数学课堂中以学生为主体，运用"导学案＋小组合作＋激情课堂"教学模式，变学生被动学习为主动学习，希望使更多的学生乐学、善学、会学，让不同类型的学生都能得到不同程度的发展，也使我们数学教师自身的教学设计能力与数学素养得到提升，成为新课程的有效执行者和积极建设者．

5. 召开推进我区初中数学课堂教学改革研讨会

2018年4月19日，在紫茶小学召开蓬江区推进初中数学课堂教学改革研讨会，全区中小学主抓教学领导、全体初中数学教师、小学部分数学骨干教师300多人参加此次活动．首先，由荷塘中学莫月霞老师执教初三数学中考复习课《平行四边形的判定》，本节课的教学设计是多元化的，以小组合作模式进行，课堂中莫老师通过一题多解、一题多变，学生编题分享题目，小组合作，学生展示成果充分调动了学生的积极性，课堂气氛活跃，学生成为课堂的主导者，教师成为引导者，得到了与会领导教师的充分肯定．随后进行了互动环节，莫老师从舍得放手、允许犯错、教会学生讨论和聆听四个方面，讲述了如何在课堂中让学生成为真正的学习者，让学生能大胆阐述自己的观点，展示自己的能力．

接着本人从分析学情考情、课堂教学设计、课堂展示、教材的挖掘、目标任务体系五个方面对这节课进行点评．从学情方面看，教师对自己学生的情况是了如指掌的，特别是中考复习课，学生的起点并非为零，而是有一定的基础，老师能够迅速地把学生的思维引到知识点的边界上，解决学生在瓶颈上遇到的问题，教师知道学生的起点在哪里，该把学生带到哪里去．从考情方面看，对考纲考点把握精准，注重学生获得"四基"：基础知识、基本技能、基本思想和基本活动经验，抓住了《课程标准》给出的 10 个数学核心概念：数感、符号意识、空间观念、几何直观、数据分析观念、运算能力、推理能力、模型思想、应用意识和创新意识．而这些核心概念是构建数学教学框架的基础．

"展示"环节是本节课最大的亮点，学生之间、师生之间、小组之间互动合作，是思维碰撞与情感迸发的集中体现．此环节，教师是"导演"，学生是"主角"，同学们敢想、敢问、敢说、敢演、敢答，展示课变成了孩子们的天地，变成了孩子们施展才能的舞台．在教师所给问题的引导下，同学们开始解决问题，再提出问题，再解决问题……在学生讨论、阐述观点和见解的过程中，教师和学生形成了学习的共同体．学生在教师的点拨、追问、点评中感受到提升的空间，感受到鼓舞，同学们不同观点的表达、解决问题的独特方法，也让我们眼前一亮、耳目一新．

以教材为基础，拓展、演绎、提升，课堂活动多元化，师生全体参与体验．一题多解，让学生的思维碰撞，学会从不同的角度思考问题、解决问题．一题多变，一个例题，如果静止地、孤立地去解答它，那么完成得再好充其量也只不过是解决了一个问题，变式训练探索活动，不能仅停留在对原习题的解法的探索上，还要有机地对原习题进行深层的探索，挖掘出更深刻的结论．

课堂呈现立体式、大容量、快节奏．目标任务三维立体式，任务落实到学习小组或个人，充分发挥集体智慧和学生的主体作用．课堂由一条主线变为立体式的网络，通过各组对不同任务的完成及展现提升，课堂容量加大，原来一节课完成三四个问题，现在能完成十几个问题；原来一题只有一种解法的，现在有多种解法．单位时间内，紧扣目标任务，周密安排师生之间、学生之间的互动，达到了预期效果．立体式教学，不仅课堂容量加大，而且教学进度加快，学生们对知识的理解、掌握和体会更深、更透、更快．

课堂教学设计多元化、及时反馈．我们的课堂像一日三餐一样，不能一年365 天老是同一张菜谱、同一道菜，拘泥于某一种固定的模式．要实现课堂的多元化，这样才能落实好课堂的有效和高效，让枯燥的课堂上得"有滋"，令学生们学起来"有味"．将学生分成若干个学习小组，鼓励较弱的学生在某一问题上主动向优等生拜师学艺．优生的辅导，既让基础相对较弱的学生吸取了营养，点燃了他们的求知之火，又使优生在原有基础上得到进一步提高，不自觉地把知识进行梳理、系统化．在展示课上，教师是课堂的组织者、引导者和评价者，在课堂上追问、点评、拓展、提升规律、评价．当学生在展示过程中出现讲解不到位时，教师及时根据情况编题进行追问，通过追问引发孩子们的再思考，从而加深学生对问题的理解，使学生的展示由不理想到理想、由不到位到到位．

最后教研室苏主任指出了召开本次推进课堂教学改革研讨会的目的和意义，肯定了本次课堂教学展示课的成效，强调结合省课题"新课程中提高初中数学教师教学设计能力的研究"，促进带动课堂教学改革，必须形神具备，并明确了今后课堂发展的方向．

6. 外出培训，开拓视野

为了进一步推进初中数学新课程改革，提升我区初中数学教师的教学设计水平，提高我区教育教学质量．近两年，先后 9 次组织本区教师外出到中山、佛山、东莞、韶关、台山、广州、新会等地培训．比如：听取了人民教育出版社中学数学室资深编辑章建跃博士，陕西师范大学教授、博士生导师罗增儒教授，广东省教研院教研员吴有昌教授等十多位专家的专题讲座，观摩了全国数学名师代表江苏连云港的马敏老师、首都师范大学附属实验中学的见海荣老师、广东省特级教师高艳玲副校长等二十多位老师的公开课，学习取经，及时交流，以弥补自身教学不足之处．外出培训经费方面，蓬江区教育局教育科研资金充足，并大力支持课题研究项目，鼓励教师外出学习增长见识，支付课题研究开展活动所需的一切费用，确保课题研究能顺利按时完成．

以下仅列举主要部分活动情况：

2017年3月，组织本区初中数学骨干教师25人，参加在中山市一中初中部举行的初三数学复习教学研讨活动．听取了广东省特级教师高艳玲副校长的公开课，以及广东省教研院教研员吴有昌教授、中山市教育教学研究室周曙主任的专题讲座．

2017年11月，组织本区初中数学骨干教师26人，参加在台山市海宴镇海宴中学举行的使用数学三维导学案进行分层教学的研讨活动．听取了海宴中学何国林老师执教的《平方差公式》的示范课，各地区代表对本节课教学设计进行点评，本人从分析学情、教情，教学过程，教学环节的安排，教学内容设计等方面对该课进行点评．

2017年11月，组织本区初中数学骨干教师26人，参加在佛山市南海区石门实验学校举办的初中数学思想方法教学高级研修会，落实数学核心素养，促进数学思想方法在初中数学教学设计中的运用．听取了全国数学名师代表江苏连云港马敏老师、首都师范大学附属实验中学见海荣老师、佛山市南海区石门实验学校杰出代表何香老师、李华师老师的公开课，以及陕西师范大学教授、博士生导师罗增儒教授的专题讲座．

2018年1月，组织本区初中数学骨干教师25人，参加在东莞市寮步镇香市中学举办的初三数学复习课信息技术创新教学研讨会．观摩了深圳市观澜第二中学王振鑫、东莞市松山湖学校褚晓丽、江门市怡福中学郑燕玲、肇庆市第一中学梁志佳、中山市纪念中学赵桂枝、佛山市石门实验学校任晓红老师的公开课，听取了华师师范大学苏洪雨教授、湖南师范大学袁智强教授、东莞市教育局教研室刘矞远主任的专题讲座．

2018年3月，组织本区初中数学骨干教师2人，参加在韶关市始兴县九龄中学举行的初中数学教学研讨活动．观摩了东莞市石龙第三中学王锡贤、湛江市第一中学陈春燕老师的公开课，听取了我国香港教育大学张侨平教授、香港粉岭教恩书院潘淑君主任、澳门大学教育学院江春莲教授、澳门濠江中学周明副校长的专题讲座．

2018年7月，组织本区初中数学骨干教师21人，参加在台山市鹏权中学举办的第五届数学课堂教学创新高级研讨会．观摩了北京市朝阳区芳草地国际学校富力分校谷宁陈、湖南省湘潭市湘潭江声实验学校李兴、天津市滨湖中学姜昊、广东省台山市武溪中学李建儒老师的公开课，听取了人民教育出版社中学数学室资深编辑章建跃博士的专题讲座．

八、研究主要成果（见表5）

表5

成果名称	作者姓名	成果形式	完成年月	出版单位或发表刊物名称、刊号	获奖或转载引用情况
《运用反比例函数，领悟数学建模思想》	黎康丽	论文	2017 年 9 月	《中学数学教学参考》全国中文核心期刊、国家学术期刊封面人物，ISSN1002－2171，CN61－1032/G4	
《重视数学思想方法，架起"数"与"形"之间的立体桥梁》	黎康丽	论文	2017 年 10 月	《少男少女·教育管理》接受省一级期刊总编的专访，ISSN1004－7875，CN44－1080/C	
《感悟"平行四边形的判定"，提高教学设计能力》	黎康丽	论文	2017 年 11 月	《中学数学研究》ISSN1671－4164，CN44－1140/O1	
《磨课就是教师的练功场》	黎康丽	论文	2017 年 1 月	《广东教学》CN44－0702/F	
《初中数学微课的教学设计策略》	易发平	论文	2017 年 第 2 期	省级核心期刊《数字教育》（国内统一刊号：CN 41－1435/G4 国际标准刊号：ISSN 2096－0069）	
《提高初中数学教师教学设计能力研究的实践与体会》	胡引娟	论文	2016 年 12 月	发表于《师道》，ISSN 1672－2655，CN44－1299/G4	获广东省中学数学教学优秀论文评比二等奖

续 表

成果名称	作者姓名	成果形式	完成年月	出版单位或发表刊物名称、刊号	获奖或转载引用情况
《聚焦数学教育，提升学生数学文化基础素养》	胡引娟	论文	2018 年 5 月	发表于《广东教学》，CN44－0702/F	获 2018 年度全国中小学论文大赛一等奖
《跳出题海"串"出实效》	杨 琨	论文	2016 年 11 月	发表于《江门教育》	获江门市教学论文评比一等奖
"深化片区教研提升数学素养的研究"	黎康丽（主持人）	课题结题	2017 年 8 月	广东省教育研究院，课题编号：GDJY－2015－A－b267	
"有效教学实践与策略研究"	黎康丽（成员）	课题结题	2018 年 1 月	广东省教育科学规划领导小组办公室，证书号：201810JT023	
"提升青年教师课堂教学能力的方法与途径"	胡引娟（主持人）	课题结题	2017 年 6 月	江门市普教科研领导小组办公室，证书号：JMEZS17005	
"'快乐、健康、优质、轻负'高效课堂的实验研究"	胡引娟（主持人）	课题结题	2017 年 12 月	江门市普教科研领导小组办公室，证书号：JMKGJXZS2017018	
"农村初中生心理弹性和生活事件的关系研究"	胡引娟（成员）	课题结题	2017 年 12 月	江门市普教科研领导小组办公室，证书号：JMEZS17052	
"优化数学课集体备课实践与策略研究"	易发平（主持人）	课题结题	2016 年 12 月	蓬江区区级课题，课题编号pjky12109	
"江门侨中数学科利用"翼学习"质量监控系统提高教学质量的研究"	易发平（主持人）	课题结题	2018 年 6 月	全国教育信息技术研究"十二五"规划的立项课题（立项号：153632572）	

续 表

成果名称	作者姓名	成果形式	完成年月	出版单位或发表刊物名称、刊号	获奖或转载引用情况
"构建初中有效教学课堂模式研究"	李晓文（成员）	课题结题	2017年3月	江门市蓬江区教育科研领导小组办公室，课题编号：pjky12103	
"初中数学有效课堂教学模式探究与实践"	李晓文（主持人）	课题结题	2018年5月	江门市蓬江区教育科研领导小组办公室，课题编号：pjky15016	
"中学数学微课资源的开发与利用的研究"	刘钊英（主持人）	课题结题	2016年11月	广东教育学会教育评价专业委员会，证书号：JXYB2016030	
《感悟"平行四边形的判定"，提高教学设计能力》	黎康丽	论文	2017年5月	广东教育学会中学数学教学专业委员会	获省特等奖
《初中数学思想方法视角下的复习课例分析》	黎康丽	论文	2018年3月	广东教育学会教育技术专业委员会	获省一等奖
《巧用生成性资源，数学课堂更精彩》	李晓文	论文	2017年5月	广东教育学会中学数学教学委员会	获省一等奖
《问题引领思考，提高中考复习有效性》	杨琨	论文	2018年1月	广东教育学会教育技术专业委员会	省级一等奖
《基于电子书包的初中数学教学模式的探索》	胡倩洁	论文	2017年6月	广东教学学会中小学信息技术教育委员会	获省一等奖
《初中数学微课的教学设计策略》	易发平	论文	2017年5月	广东省教育学会中学数学教学专业委员会	获省二等奖

续表

成果名称	作者姓名	成果形式	完成年月	出版单位或发表刊物名称、刊号	获奖或转载引用情况
《微课在初中数学翻转课堂中的应用》	李晓文	论文	2016年6月	广东教育学会中小学信息技术教育专业委员会	获省三等奖
《磨课就是教师的练功场》	黎康丽	论文	2017年3月	江门市中小学教研室	获市一等奖
《跳出题海"串"出实效》	杨琨	论文	2016年6月	江门市中小学教研室	获市一等奖
《15.3 解分式方程》	胡倩洁	教学设计	2017年6月	广东教育学会中小学信息技术教育专业委员会	获省一等奖
《锐角三角函数章前引言及正弦》	杨琨	录像课及教学设计	2018年4月	广东省教育厅	广东省"一师一优课，一课一名师"活动省级"优课"
《章前引言及正弦》	杨琨	录像课及教学设计	2017年12月	江门市教育局	"一师一优课，一课一名师"活动江门市市级"优课"
《一次函数与方程不等式》	杨琨	课堂教学	2018年5月	江门市中小学教研室	江门市初中数学优质课展评一等奖
《不等式及其解集》	杨琨	课堂教学	2018年4月	江门市蓬江区教学研究室	蓬江区初中数学优质课评比一等奖
《课题学习最短路径》	李晓文	课例评比	2016年10月	陕西师范大学出版总社中学数学教学参考编辑部、基础教育研究院	"第二届全国特色课堂研究征文大赛"活动优秀教学作品一等奖

成果名称	作者姓名	成果形式	完成年月	出版单位或发表刊物名称、刊号	获奖或转载引用情况
《正方体的展开与折叠》	李晓文	教学课件与说课课件	2016年11月	陕西师范大学出版总社中学数学教学参考编辑部、基础教育研究院	"第十届全国中学教学课件与说课课件大赛"优秀教学作品一等奖
《立体图形的展开图》	李晓文	录像课及教学设计	2017年12月	江门市教育局	"一师一优课，一课一名师"活动江门市市级"优课"
《立体图形的展开图》	李晓文	录像课及教学设计	2018年1月	江门市蓬江区教育局	"一师一优课，一课一名师"活动蓬江区区级"优课"
《复习课——角》	胡倩洁	课堂教学	2016年12月	江门市中小学教研室	
蓬江区中小学课堂教学改革先进个人	黎康丽	个人荣誉	2018年7月	江门市蓬江区教育局	
江门市2017年普通高考教研指导先进个人	黎康丽	个人荣誉	2018年5月	江门市教育局	
蓬江区教育局机关"2017年第四季度服务之星"	黎康丽	个人荣誉	2017年12月	江门市蓬江区教育局	
《少男少女·教育管理》杂志编委	黎康丽	个人荣誉	2017年3月	广东省作家协会	
被评为蓬江区教育系统优秀名师工作室主持人	刘钊英	个人荣誉	2017年4月	江门市蓬江区教育局	

续 表

成果名称	作者姓名	成果形式	完成年月	出版单位或发表刊物名称、刊号	获奖或转载引用情况
2017 年蓬江区教育系统第二批名师工作室优秀学员	李晓文	个人荣誉	2017 年 4 月	江门市蓬江区教育局	
2017 年蓬江区"最美教师"提名	李晓文	个人荣誉	2017 年 12 月	江门市蓬江区教育局	
2018 年蓬江区中小学课堂教学改革先进个人	李晓文	个人荣誉	2018 年 7 月	江门市蓬江区教育局	
蓬江区中小学课堂教学改革先进个人	杨 琨	个人荣誉	2018 年 7 月	江门市蓬江区教育局	
2018 年蓬江区中考优秀成绩奖	李晓文	个人荣誉	2018 年 9 月	江门市蓬江区教学研究室	
2017 年蓬江区中考优秀成绩奖	杨 琨	个人荣誉	2017 年 9 月	江门市蓬江区教学研究室	
2016 年蓬江区中考优秀成绩奖	胡引娟	个人荣誉	2016 年 9 月	江门市蓬江区教学研究室	
2017 年蓬江区中考优秀成绩奖	胡引娟	个人荣誉	2017 年 9 月	江门市蓬江区教学研究室	
2016 年蓬江区中考优秀成绩奖	胡倩洁	个人荣誉	2016 年 9 月	江门市蓬江区教研室	
蓬江区数学科中考质量分析会上作经验介绍	易发平	个人荣誉	2016 年 9 月	江门市蓬江区教学教研室	
被评为荷塘镇优秀后勤工作者	刘钊英	个人荣誉	2017 年 9 月	荷塘镇中心学校	

续 表

成果名称	作者姓名	成果形式	完成年月	出版单位或发表刊物名称、刊号	获奖或转载引用情况
中山市名师主题交流活动暨江门青年教师成长计划教学交流活动	黎康丽	主题交流	2017年9月	中国教师研修网	广州市、中山市名师，江门青年骨干教师教学交流活动
如何提高中学数学教师课堂教学设计能力	黎康丽	专题讲座	2017年4月	五邑大学数学与计算科学学院	数学与应用数学专业全体学生做专题讲座
指导十名教师参加广东省中学青年教师数学问题讲授核心片段展示评比	黎康丽	指导奖	2018年5月	广东教育学会中学数学教学专业委员会	所辅导教师获省一等奖4人，二等奖6人
指导怡福中学郑燕玲老师参加2018年广东省初三数学复习课信息技术创新教学示范课	黎康丽	指导奖	2018年1月	广东教育学会教育技术专业委员会	获得广东省数学教研员吴有昌教授和江苏第二师范学院、北师大版教材副主编章飞教授一致好评
指导怡福中学杨琨老师参加2018年江门市初中数学优质课评比	黎康丽	指导奖	2018年5月	江门市教育学会中学数学教学研究会	获江门市一等奖
指导怡福中学郑燕玲老师参加2017年江门市青年教师教学能力大赛	黎康丽	指导奖	2017年11月	江门市教育学会中学数学教学研究会	获江门市二等奖
江门市2016年义务教育学校先进教研组	怡福中学	集体荣誉	2017年4月	江门市教育局	获江门市示范教研组
2016—2017学年度集体备课优秀成果评选	陈白沙中学九年级	集体荣誉	2017年7月	江门市教育局	获江门市优秀集体备课组

续 表

成果名称	作者姓名	成果形式	完成年月	出版单位或发表刊物名称、刊号	获奖或转载引用情况
2016—2017 学年度集体备课优秀成果评选	港口中学七年级	集体荣誉	2017 年 7 月	江门市教育局	获江门市优秀集体备课组
2016—2017 学年度集体备课优秀成果评选	培英初中九年级	集体荣誉	2017 年 7 月	江门市教育局	获江门市优秀集体备课组
2016—2017 学年度集体备课优秀成果评选	杜阮初中七年级	集体荣誉	2017 年 7 月	江门市教育局	获江门市优秀集体备课组
2016—2017 学年度集体备课优秀成果评选	棠下中学七年级	集体荣誉	2017 年 7 月	江门市教育局	获江门市优秀集体备课组
2016—2017 学年度集体备课优秀成果评选	棠下中学八年级	集体荣誉	2017 年 7 月	江门市教育局	获江门市优秀集体备课组
2016—2017 学年度集体备课优秀成果评选	怡福中学七年级	集体荣誉	2017 年 7 月	江门市教育局	获江门市优秀集体备课组
2016—2017 学年度集体备课优秀成果评选	怡福中学九年级	集体荣誉	2017 年 7 月	江门市教育局	获江门市优秀集体备课组
江门市 2018 年初中阶段协同教育质量优秀备课组	怡福中学九年级	集体荣誉	2018 年 10 月	江门市教育局	获江门市初中阶段协同教育质量优秀备课组
江门市 2018 年初中阶段协同教育质量优秀备课组	棠下初级中学九年级	集体荣誉	2018 年 10 月	江门市教育局	获江门市初中阶段协同教育质量优秀备课组
2017—2018 学年度集体备课优秀成果评选	怡福中学七年级	集体荣誉	2018 年 10 月	江门市教育局	获江门市优秀集体备课组

续 表

成果名称	作者姓名	成果形式	完成年月	出版单位或发表刊物名称、刊号	获奖或转载引用情况
2017—2018 学年度集体备课优秀成果评选	棠下中学七年级	集体荣誉	2018 年10 月	江门市教育局	获江门市优秀集体备课组
2017—2018 学年度集体备课优秀成果评选	荷塘中学九年级	集体荣誉	2018 年10 月	江门市教育局	获江门市优秀集体备课组
2017—2018 学年度集体备课优秀成果评选	港口中学九年级	集体荣誉	2018 年10 月	江门市教育局	获江门市优秀集体备课组

"深化片区教研提升师生数学素养的研究"研究报告

一、问题的提出

近年来，各校大力开展形式多样的校本教研活动，达到了锻炼教师的目的．经过调研，教师的积极性较高，很想通过片区活动锻炼自己，各校领导也想通过活动为教师搭建展示、提高的平台，这是开展片区教研活动的基础．以"让每一个农村孩子都能享受到和城市孩子一样的教育"为最终目标，以"六个意识"（对话意识，课程资源开发意识，以学生为主体意识，动态生成意识，角色意识，质量、效益意识）为指导，以片区教研为平台，以优秀教师为主导，以教室为研究室，零距离地接触课堂教学，面对面地与学生互动，切实提高教师的教育教学水平，努力提高本区数学教育教学质量和研究水平，促进学校内涵的提升、教师的专业成长和学生持续、全面、和谐地发展．

把全区中学具体分为以下六大片区：九中片区、怡福片区、实验片区、杜阮片区、荷塘片区、棠下片区．为了全面提高教育质量，充分整合区内优质教育资源，充分发挥龙头学校管理经验及骨干教师在片区教研活动中的引领和带动作用，不断提高课堂教学效率和学校管理水平，实现教育均衡发展．根据本区学校实际，特拟定分片教研实施方案．

二、研究的方法

1. 行动研究法

以"学习、消化、吸收、创新"为原则，通过行动研究—理论提升—实践验证—理论完善四个基本环节，扎实开展课题研究．采取多角度、多层次的研究思路，实行理论研究、实证分析及区域实验相结合，综合研究与专题研究相结合；采用调研、专题研讨、实地考察、案例分析和专家咨询等方法，选择个案研究，确保课题的科学性并努力有所创新．

2. 实验研究法

通过片区教研、教学指导团送教等活动，加大对镇街学校的扶植力度，本区镇街学校呈现出良好的发展势头，办学水平、教学质量均有了明显的提升，与城区学校水平相当．

3. 案例研究法

在课题研究过程中经常选取典型教学案例进行剖析和研究，最终形成体现课题研究特色、具有参考价值的案例．

4. 经验总结法

在课题研究的各个阶段，要不断地进行回顾，在反思和整改中，探讨"深化片区教研提升数学素养"的途径和方法．在大量实践探索的基础上总结成功的经验并适当进行理论提升．

三、研究计划

第一阶段：准备阶段（2015 年 4—7 月）

（1）搜集资料，总结已有经验，形成课题申报方案．

（2）填写申报立项申请书，撰写课题研究方案，向省申请课题立项．

（3）课题负责人撰写开题报告，召开开题报告会议．

第二阶段：实施阶段（2015 年 8 月—2016 年 7 月）

开展有效教研活动，在狠抓课堂教学改革、校本培训、集体备课、教学开放日活动中发挥示范作用，通过不同层面的片区教学研讨、同课异构活动、讲题活动、微课评比活动、说课评比，使片区教研不断深入，全面提升课堂教学效率，确保课堂教学质量．

第三阶段：提高阶段（2016 年 8 月—2017 年 1 月）

（1）发挥片区龙头学校、名师工作室的引领作用，开展教学设计评比、"我的中考复习课例"设计评比，片区教研内涵不断丰富，效果良好，有效促进全区教育均衡发展．

（2）根据本区《中学数学教师专业成长发展规划》，开展教学专题讲座、强化教学基本功训练等，提高教师的教学水平及数学专业素养．教学指导团成员与青年教师结对帮扶，加速青年教师专业成长．

（3）关注学生学科素养的提升．根据本区中小学生各学科素养培养目标要求，结合各学科的实际，通过课内与课外培养相结合的方法，让学生在有效的学习过程中提高学科素养，实现本区《中学数学学科学生素养培养目标》．

第四阶段：结题验收阶段（2017 年 2—4 月）

课题组完成课题研究全部工作，提交论文、研究报告，请专家组进行课题验收，课题负责人向总课题组呈报课题各类终端研究成果．

四、研究分析

在课题研究的两年多时间内，从领导到教师都直接参与到课题研究中，以课题研究的切身感受促进教育观念的不断更新，并能结合学生实际、地方资源、现代媒体设计、呈现课堂教学素材．课题研究的过程，是我们不断思考的过程，是否定和肯定交替的过程．两年来我们基本完成课题计划与课题研究目标，取得了一定的研究成果，更重要的是在研究中衍生了一些新的思考．

要想提高学生的数学素养，就必须先提高数学教师的数学素养，这是新课程对每一个数学教师的基本要求．基础教育课程改革，使中学数学教育在其目标、课程、内容、方法手段、评价等方面都发生了变化，面对新世纪数学教育改革的挑战，数学教师在提高数学素养的同时，还必须更新教育观念，广泛涉取各种新知识，不断提高教学能力和科研能力．不断提高数学教师的专业素养，已成为各国发展数学教育的重要课题．

1. 教师具有健康的心理，才能具备较高的数学素养

"打铁还需自身硬．"要培养学生的数学素养，教师本身必须具备较高的数学素养；数学教师数学素养的进修是长期甚至是伴随职业生涯的终生过程的．这种修炼不像某些教学技能进修那么功利性强，可以立竿见影．"欲穷千里目，更上一层楼．"王之涣的名句留给我们太多的业务联想．如果想做个研究型、学者型教师，就必须具有这种远大的追求和长远的业务眼光，只有数学学科知识积累得多、研究得深，才能免除教学失误，才会在某个教学瞬间迸发出智慧的火苗，点燃学生学习创新的火花，引领孩子们进入数学高品位的追求之中．

通过课题研究，我们充分认识到教师要教书育人，要培养出高素质的人才，首先自己应做到正直，心理要健康，只有教师具备这样的数学素养，学生才愿意学，学到的也才是真正的知识．在课堂上，在生活中，教师的良好言行会对学生产生积极的影响，学生的品质也会得到很好的熏陶．

2. 优秀的数学素养是进行教育科研的前提，教育科研又促进了数学素养的提高

课题研究，直接体现着教师的教育科研能力．在本课题的研究中，全体课题组教师收集数据、资料并进行分析，这一过程中教师具备的教育科研能力不仅可以丰富和发展教育理论，而且是时代对广大教师的要求．传统教育观认为教师的职责就是"传道、授业、解惑"，因此以传授知识为主的传统教育模式造就了许多传授型的教师．

为深化教育改革，全面实施素质教育，培养学生的创新精神和实践能力，社会对教师的素质提出了新的要求．因此，作为学校教育重要学科的数学学科教学必须适应形势的发展进行深化改革，使数学教师在创新方面成为学生的表率，比学生有更强的创新意识、创新思维和创新能力，这就要求数学教师必须具备教育科研能力，逐渐由教书匠向教育家位移．数学教师必须是科研型的教师，必须具备高水平的教育科研能力，否则无法实施这个变革．

事实证明，数学教师参与科研可以显著地提高自身的综合素质，可以进一步明确教育规律，了解教育发展的新趋势，提高教育理论素养；可以校正自己头脑中一些陈旧的教育观念，使自己的教育观念得到部分或全部的更新；可以养成对自己教育教学活动经常性反思的习惯，提高教育教学的调控能力；可以从中学到新的教学方法和教学策略，有利于总结自己的教学经验并形成自己的教学特色．因此，数学教师必须脚踏实地地走"科研兴师"之路．

3. 有较高数学素养的教师，教学反思的能力也很强

数学教学反思能力，是新课程非常注重和提倡的能力．教学反思能力是教师专业能力的主要组成部分，是教师专业性的体现，提高教师的教学反思意识和反思能力、培养教师的反思习惯是提高教师的专业化水平、改善教师教育方式、提高教学质量的新思路．数学教师教学的优劣不单单取决于理论知识的多寡，还取决于实践经验与教师缄默化知识的积累，教师要从新教师和经验型教师成长为研究型教师没有对教学的反思是不可能的.

研究发现：虽然绝大多数教师都具有教学反思的意向，在教学中确实存在着反思，但反思的内容比较单一，侧重于技术性反思. 在反思的方式上，侧重于课后反思，缺乏在教学各个环节反思的连贯性. 并且了解到虽然多数学校对教学反思都有要求，但不明确、不具体，造成教师对教学反思的内涵并不理解，并没有从内心自觉、自愿地进行教学反思，处于表面应付状态. 大多数教师都能积极地认同教学新思想、新理论，但所认同的理论与实际的教学实践之间还有距离，说明教师的教学反思能力还有待进一步提升. 教学反思需要教师具有教学反思能力，反思能力是教师顺利进行反思活动的必备条件. 一名优秀的具备较高数学素养的教师也一定具备新课程所要求的教学反思的能力.

4. 数学教师的综合素质是教学关键

新课程标准对高中数学的知识结构进行了充实和调整，对教师的教学技能也提出了新的要求，更加注重学生能力的提高和创造性思维的培养，会用所学的知识解决实际问题，特别是增添了开放与思考探究性问题：归纳、猜想与说理型问题，方案设计与决策型问题，信息与跨学科型问题，运动型问题等. 这就要求数学教师加强业务进修，加快业务知识和教学方法的更新，大量学习和搜集解决各种数学问题所需的知识及思想和方法. 首先，教师要博学多才，具备广博的文化知识，除了具备数学学科扎实的专业知识外，还应掌握理化知识和其他人文学科知识，更要有广泛的兴趣爱好，要具备良好的心理、道德、情操、审美、修养等品性.

实践证明，知识广博和多才多艺的教师最受学生欢迎和崇拜，对学生有极强的吸引力和教育影响作用. 其次，教师要加强自身修养，在学生中树立威信. 教师的教育对象是学生，教师在教育过程中起主导作用，教师的一言一行直接影响学生各方面的发展，教师的教学态度直接影响教学质量的高低. 因此，数学教师在教学过程中，要注意知识和情感的交融，走近学生的心灵，让学生感觉老师值得信任和尊敬，从而喜欢数学这门学科. 另外，数学教师应具备一定的科研能力，包括：搜集资料，挖掘信息，选择和提出课题的能力；设计实验过程和运用自然科学研究方法、现代化手段进行研究的能力；科学论证和撰写论文、报告的能力；创造性开发、转化教育科学研究成果的能力.

五、研究成果

1. 积极撰写论文，提高科研水平

近两年来，课题组成员积极参与课题的培训学习和研究，紧紧围绕提升师生数学素养这一核心开展富有成效的实践活动，并撰写科研论文．由蓬江区教育局教研室黎康丽老师撰写的论文《"同构异课"——打造师生喜爱的课堂》，在《中学数学研究》期刊 2015 年第 4 期发表，CN44 - 1140/01，ISSN1671 - 4164．由江门市华侨中学易发平老师撰写的论文《初中数学微课的教学设计策略》，在《数字教育》2017 年第 2 期第 3 卷发表，CN41 - 1435/G4，ISSN2096 - 0069．由蓬江区教育局教研室黎康丽老师撰写的论文《磨课就是教师的练功场》，在《广东教学》2017 年第 2652 期发表，CN4 - 0702/F，并在龙源期刊网全文收录．由蓬江区教育局教研室黎康丽老师撰写的论文《万能法助你战胜中考应用题》，在《学校教育研究》2016 年第 5 期发表，CN13 - 1351，ISSN1673 - 0348．由江门市怡福中学杨琨老师撰写的论文《跳出题海"串"出实效》，在《江门教育》2016 年第 4 期发表．由江门市华侨中学易发平老师撰写的论文《学困生的转化与教师的教学行为有什么关系》在《江门教育》2015 年第 2 期发表．由江门市实验中学李晓文老师撰写的论文《在数学课堂教学中贯彻课程目标中评价功能的实施》在《广东基础教育发展与评价》期刊发表．

2016 年 10 月，江门市实验中学李晓文老师的两份作品《课题学习最短路径问题》《正方体的展开与折叠》在"第二届全国特色课堂研究征文大赛"活动中获得优秀教学作品一等奖．2017 年 5 月，由蓬江区教育局教研室黎康丽老师撰写的论文《感悟"平行四边形的判定"，提高教学设计能力》获广东省中学数学教学优秀论文评比特等奖，由江门市实验中学李晓文老师撰写的论文《巧用生成性资源，数学课堂更精彩》获广东省中学数学教学优秀论文评比一等奖，由江门市华侨中学易发平老师撰写的论文《初中数学微课的教学设计策略》获广东省中学数学教学优秀论文评比二等奖，由楼山初中胡引娟老师撰写的论文《提高初中数学教师教学设计能力研究的实践与体会》获广东省中学数学教学优秀论文评比二等奖．2015 年 4 月，由蓬江区教育局教研室黎康丽老师撰写的论文《驾驭知识的睿智，造就"最强大脑"》获广东省中学数学教学优秀论文评比一等奖，由荷塘中学刘钊英老师撰写的论文《让猜想走进数学课

堂》获广东省中学数学教学优秀论文评比二等奖，由江门市实验中学李晓文老师撰写的论文《数学教学设计中学情分析的实践与思考》获广东省中学数学教学优秀论文评比二等奖，由江门市怡福中学胡倩洁老师撰写的论文《二次函数中求"线段和最小、差最大"类型题的方法总结》获广东省中学数学教学优秀论文评比三等奖.

2. 龙头学校带动，片区整体实力不断提高

经过近两年深化教研提升，江门市怡福中学数学科组在 2017 年 4 月被江门市教育局授予"江门市义务教育学校示范教研科组"荣誉称号. 借此契机，以先进教研组为抓手，辐射引领促发展，本区要充分发挥龙头先进科组的示范作用和辐射引领效应，有效带动全区数学科组共同发展，促进学科教研组规范建设，使全区教研内涵不断丰富，提高教育教学质量.

怡福中学、实验中学、第九中学三所龙头学校，开展科研成果展示活动，面向区内外展示了近几年来在科研方面所取得的成果和优质的课堂教学情况，充分体现了名校的示范辐射作用，展现了名师的教学风采. 有了龙头学校的引领，片区教研内涵不断丰富，取得了一定的研究成果，片区内常规管理互相渗透，教学质量同步监控，片区整体实力不断提高，有效促进了全区教育的均衡发展.

本区每年评选出优秀片区活动小组，优秀片区教研组组长. 2015 年优秀片区为杜阮片区、怡福片区，组长为胡引娟、杨琨；2016 年优秀片区为实验片区、荷塘片区，组长为李晓文、刘钊英.

3. 着力提升课题研究，探索科研兴教之路

2015 年 7 月，由蓬江区教育局教研室黎康丽老师主持的课题"深化片区教研提升师生数学素养的研究"，被广东省教育研究院定为立项课题，立项编号：GDJY –2015 – A – b267. 2015 年 9 月，由江门市华侨中学易发平老师主持的课题"江门侨中数学科利用'翼学习'质量监控系统提高教学质量的研究"成为全国教育信息技术研究"十二五"规划专项课题，立项号：153632572.

2016 年 11 月，由荷塘中学刘钊英老师主持的课题"中学数学微课资源的开发与利用的研究"，顺利通过广东教育学会教育评价专业委员会结题，证书号为 JXYB2016030，鉴定等级为二等奖. 2016 年 12 月，由江门市华侨中学易发平老师主持的课题"优化数学科集体备课实践与策略研究"（编号：pjky12109），被蓬江区教育科研领导小组办公室准予结题．2015 年 11 月，由江门市实验中学李晓文老师主持的课题"基于自主学习的数学高效课堂教学艺术探究"（编号：JMSYZX2015013），被江门市实验中学教育科学研究领导小组准予结题．

4. 提升教改活力，打造名师工程

在片区活动中，拓宽思路，充分挖掘本地优秀教学骨干教师，使其成为真真正正的名师，推出蓬江，走出江门，送到省一级的教学平台．2016 年 5 月，江门市实验中学黄晓莺老师代表本区参加广东省"数学问题讲授核心片段"评比活动，荣获广东省特等奖；怡福中学关银芳老师、陈白沙中学李月明老师，荣获广东省二等奖；第九中学杨海荣老师、第八中学周婉莲老师、华侨中学邝炳湛老师，荣获广东省三等奖．2016 年 4 月，怡福中学郑燕玲老师代表我们区参加江门市初中数学优质课例现场评比，荣获一等奖．2016 年 12 月，江门市怡福中学胡倩洁老师，在江门市初中新课程课堂教学观摩交流活动中，承担示范课教学，反响良好．2015 年 11 月，江门市怡福中学胡倩洁老师，在第九届初中青年数学教师优秀课展示中，荣获全国三等奖．2016 年 5 月、2015 年 11 月蓬江区教育局教研室黎康丽老师分别被广东教育学会中学数学教学专业委员、中国教育学会中学数学教学专业委员会评为优秀指导教师．

通过本课题的研究，本区涌现出一批名教师、学科带头人．2016 年 11 月，刘钊英老师被聘任为广东教育学会教育评价专业委员会理事，聘期为三年．2016 年 1 月，蓬江区教育局教研室黎康丽老师被评为"江门市基础教育系统第四批名校长、名教师培养对象"．2015 年 4 月，蓬江区教育局教研室黎康丽老师被评为蓬江区基础教育系统第三批名教师，实验中学李晓文老师被评为蓬江区基础教育系统第三批学科带头人．

走在课程改革的路上，我们积极开展教学研究，在实践中求提高，在研究中求发展，不断探寻推进课改工作的最佳切入点、最有效途径和最优化模式，力求达到学生、教师、学校共同发展的目标，不断推进素质教育的进程．

（1）以课堂教学为主阵地，提高教学质量．抓常态课的落实，抓优质课的示范．

（2）以教育科研为主旋律，提升课改活力．课题研究与课程改革并举，校本教研与专业引领并重，课改成果与观摩研讨并行．

（3）狠抓课堂教学改革，有效开展实践．创新教法，彰显数学教学生命活

力；思维教学，凸显数学教学的中心特点；创造性使用教材，培养学生的创新思维．灵活使用教材，转变教学方式，开发课程资源．

5. 片区整体实力提高，提升师生数学素养

通过深化片区教研活动，片区整体实力不断提高，缩小校际之间的差距，促进全区教育均衡发展．进一步强化教师培训，加速教师专业成长，关注学生素质发展，全面提高学生综合素质．近两年本区的中考成绩，位于江门市四市三区前列，高考成绩年年创新高，2022 年本科上线人数比上年增加 46 人．2016 年、2015 年，连续两年，本人都获得江门市普通高考教研指导先进个人．2017 年 4 月，蓬江区教育局教研室黎康丽老师受五邑大学数学与计算科学学院邀请，为数学与应用数学专业全体学生作"如何提高中学数学教师教学设计能力"的专题讲座．

对全区进行教研分片管理，各片以一所优质学校为示范学校，引领片内学校进行教学管理交流及教学研究活动，通过共同研究互相学习、共同进步．以城乡互动提高教研活动积极性，以名师工作室引领提升教研针对性．能按照《江门市蓬江区实施片区教研方案》《江门市蓬江区中学数学教师专业成长发展规划》《江门市蓬江区中学数学学科学生素养培养目标》《江门市蓬江区教学指导团成员与青年老师结对帮扶工作方案》完成研究任务．关注学生学科素养的提升，使得人人都能获得良好的数学教育，不同的人在数学上得到不同的发展，充分考虑数学学科本身的特点与本区学情实际，激发学生学习兴趣，引发数学思考，使学生养成良好的学习习惯，增强学生学习数学的自信心，实现本区中学数学学科学生素养培养目标．

策略篇：

追求情意思想　凝练教学风格　提出教学主张

支架式深度学习模式教学例析

——以《平方差公式》教学为例

作为广东省商庆平名师工作室成员，在一次跨地区送课到基层活动中，笔者结合主持的省级课题"基于支架式教学下初中数学课堂教学的实践研究"，亲身执教人教版八年级上册《平方差公式》示范课，以支架式教学为理论基础，开展初中数学深度学习课堂，通过精心设计问题情境和学习任务，引发学生的认知冲突，促使学生进行深入思考，对本节课进行课堂构思和教学实践，关注对学生效果评价，形成和发展学生数学核心素养.

一、学习目标解析

理解平方差公式，能运用公式进行计算. 学生在探索平方差公式的过程中，体验由具体到抽象的过程，可以更好地发现公式、体会和理解公式，在利用几何图形的面积验证公式的过程中，了解验证平方差公式的具体方法，感知数形结合的思想. 公式 $(a+b)(a-b)=a^2-b^2$ 中的字母 a、b 可以是具体的数、单项式、多项式、分式乃至任何代数式.

二、课堂构思和教学实践

1. 搭建支架，尝试学习

计算下列多项式的积，并思考问题.

（1）$(x+1)(x-1)=$ _____;

（2）$(3x+2)(3x-2)=$ _____.

思考：

（1）算式的左边有什么特点？

（2）算式的右边有什么特点？

（3）你能用符号表示这一类算式的规律吗？

【归纳】平方差公式

符号语言：$(a+b)(a-b)=a^2-b^2$

文字语言：两个数的和与这两个数的差的积，等于这两个数的平方差．

教学分析： 基于多项式的乘法法则设计了两道简单而又满足平方差公式的式子，让学生进行尝试学习，进而提出三个点睛般的问题，引导学生从"形"的角度对算式进行观察，渗透从一般到特殊的数学思想，探究算式的规律，归纳出平方差公式，从而引导学生成功建模．

2. 展开支架，合作学习

（1）"物"以类聚之"找朋友"

$$(x+3)\underline{\hspace{3cm}}\begin{cases}(x-2)\\(x+3)\\(x-3)\end{cases}$$

师："物以类聚"这个词语，大家理解吗？

生（齐答）：理解，相同的聚在一起．

师：大家一起来做"找朋友"的游戏，老师给出平方差公式左边其中的一项，你能找出它的另一项吗？

生：可以，$(x-3)$．

师：你为什么不选择 $(x-2)$、$(x+3)$？

生：因为 $(x+3)$ 数字与字母相同，$(x-2)$ 符号一项同、一项反．

教学分析： 设计"物"以类聚之"找朋友"环节，利用希沃白板软件授课，让学生站到屏幕前方选取答案并拖动答案 $(x-3)$ 到横线上，学生能快速地做出正确选择，并归纳出两个注意点：数字与字母相同，符号一项同、一项反．

（2）指数变

$$(x^2+3)\underline{\hspace{3cm}}\begin{cases}(x-3)\\(x^2+3)\\(x^2-3)\end{cases}$$

师：在原题的基础上做出指数的改变，你能快速找出答案吗？

生：(x^2-3)．

师：很不错，下面请同学们对这两道题进行计算.

计算：① $(x+3)(x-3)$ ② $(x^2+3)(x^2-3)$

火眼金睛：（让学生纠错）

$(x+3)(x-3)$ $(x^2+3)(x^2-3)$

解：原式 $=x^2-3$ 解：原式 $=x^2-9$

师：请观察"火眼金睛"这两道题目，计算结果是否正确？

生：错误，计算的结果忘记要平方.

教学分析：教师在原题的基础上，做出指数变，进一步让学生做出判断与分析. 对原式及指数变的式子做出正确选择后，同学们快速进行计算，教师设计"火眼金睛" 的题目，让学生找出解题过程中有误的地方，归纳注意点：结果的平方不能遗忘.

（3）系数变

$$(2x+3) \underline{\hspace{3cm}} \quad \begin{cases} (2x+3) \\ (2x-3) \\ (3x+2) \\ (x-3) \end{cases} \qquad \left(\frac{1}{2}x+3\right)\underline{\hspace{2cm}}$$

整数   分数

师：现在系数做出改变，你能找到答案吗？

生：$(2x-3)$.

师：$2x$ 的系数是整数，如果系数是分数 $\frac{1}{2}$，请你填写结果.

生：$\left(\frac{1}{2}x-3\right)$.

师：很棒，现在老师将大括号内的四个式子 $(2x+3)$、$(3x+2)$、$(2x-3)$、$(x-3)$ 进行组合，中间添加减号，你会计算吗？

计算：③ $(2x+3)(2x-3)$

④ $\left(\frac{1}{2}x+3\right)\left(\frac{1}{2}x-3\right)$

⑤ $(2x+3)(2x-3)-(3x+2)(x-3)$

师：第③、④题，大家能很快地计算出结果，第⑤题你是怎么做的？

生：$(2x+3)(2x-3)$ 可以运用平方差公式，$(3x+2)(x-3)$ 不能运用 平方差公式，只能用之前所学的多项式乘以多项式的方法计算.

师：$(3x+2)(x-3)$ 为什么不能运用平方差公式？

生：因为不符合平方差公式的特征．

教学分析：系数变环节中，出现了系数是整数、分数的两种情况，学生能快速找到答案并进行计算，计算的准确率高，同时设计了一道不能运用平方差公式的题目，考查学生对公式的理解及运用能力，不能运用平方差公式时，要运用之前所学的多项式乘以多项式法则．

（4）符号变

$$(-x+3)\underline{\qquad\qquad}\begin{cases}(-x-3)\\(-x-3)\\(x+3)\\(x-3)\end{cases}$$

师：现在符号做出了改变，你能找出答案吗？

生：$(-x-3)$．

师：还有其他答案吗？

生：……（进入思考中）

师：先独立思考，然后进行小组内交流讨论，并把结果写在小白板上，小组内两位同学上台展示，并分析解题思路．

生：有两种结果，$(-x-3)$、$(x+3)$．

师：为什么？

生：因为如果公式中的 a 是 $-x$，b 就是 3；如果公式中的 a 是 3，b 就是 x．

计算：⑥ $(-x+3)(-x-3)$ ⑦ $(-x+3)(x+3)$

教学分析：符号变这一环节加大了难度，先让学生独立思考，然后小组内交流讨论得出结果，并把结果写在小白板上，小组内两位同学上台展示，并分析解题思路，第一小组只展示了其中一种情况，另一小组进行补充，培养学生提出问题、发现问题、纠正问题、解决问题的能力．

（5）因式变

计算：⑧ $(x-3)(x+3)(x^2+9)(x^4+81)$

师：在原题的基础上，做出因式变，你会计算吗？

生：$(x-3)(x+3)$ 可以直接运用平方差公式．

师：接下来呢？

119

生：再次利用公式 $(x^2-9)(x^2+9)$，接着 $(x^4-81)(x^4+81)$ 继续运用公式计算．

师：为什么有这种想法？

生：因为可以把 x^2、x^4 看成一个整体 a 进行代入运算．

师：很棒，看成一个整体，这就是我们常说的整体思想．

教学分析：因式变这一环节难度进一步提升，部分学生刚开始用了一次公式就停下来了，经过小组内的交流推敲，领悟到要反复多次运用平方差公式进行计算，并把解题过程呈现在小白板上，结果迎刃而解，突出并强化了整体思想.

3. 巧用支架，精准导学

小李到商店买单价为97元的商品103 kg，售货员刚拿起计算器，他就准确说出了应付的钱．

生：97×103．

师：该如何计算？

生：$(100-3)(100+3)$．

师：为什么选择100？

生：100 刚好是97 与103 中间数，平均数．

教学分析：精准导学环节以"神机妙算"引入，把一道普通的数学计算题 97×103 演化成实际问题情境，激发学生的兴趣，让学生体会数学来源于生活、服务于生活，又回归生活．如何计算简便，关键是找平均数，再利用平方差公式实际应用．

4. 活用支架，反思内化

（1）教师创作歌词《"平方差公式"之歌》，配上音乐，全班合唱

两数和乘两数差，等于两数平方差，数字字母全相同，符号一同一相反，找准公式 a 和 b，结果平方不遗忘，积化成为平方差，同号方减异号方，你用起来真简单，从一般到特殊，整体思想，数形结合公式真美妙，你唱起来真好听，像初冬的阳光，整个世界全部的时光美得像画卷．

（2）当堂检测

运用平方差公式计算：

① $(a+3b)(a-3b)$

② 51×49

③ $(3x+4)(3x-4)-(2x+3)(x-2)$

拓展提升：

$(2+1)(2^2+1)(2^4+1)(2^8+1)$

$(3+1)(3^2+1)(3^4+1)(3^8+1)$

生：添加 $(2-1)$ 一项，使 $(2-1)(2+1)$ 组成平方差公式，很容易计算得出结果．

师：下一题呢？

生：同样，添加 $(3-1)$ 一项，使 $(3-1)(3+1)$ 组成平方差公式．

生：不对，分子添加 $(3-1)$ 一项，分母也要添加 $(3-1)$．

师：为什么？

生：只有分子、分母同时添加，原式才会保持不变．

教学分析：根据笔者对公式的理解，自编创作一首《"平方差公式"之歌》，配上学生熟悉的旋律，学生听一遍便能很好地合唱，让课堂知识内化并进一步得到升华．拓展提升题的设计，把本节课的教学内容再次拔高，对平方差公式进行添加引入到深度学习中．

三、教学反思与感悟

1. 深度学习是思维的课堂，反复变式是教学的主线

从一道基础题切入，将反复变式作为课堂教学主线：指数变—系数变—符号变—因式变—添加项，逐步分解、突破平方差公式的重点、难点，统领整节课．

$$(x+3)(x-3)$$

指数变↓

$$(x^2+3)(x^2-3)$$

系数变↓

$$(2x+3)(2x-3),\ \left(\frac{1}{2}x+3\right)\left(\frac{1}{2}x-3\right)$$

$$(2x+3)(2x-3)-(3x+2)(x-3)$$

符号变↓

$$(-x+3)(-x-3),\ (-x+3)(x+3)$$

因式变 ↓

$$(x-3)(x+3)(x^2+9)(x^4+81)$$

添加项 ↓

$$(2+1)(2^2+1)(2^4+1)(2^8+1)$$
$$(3+1)(3^2+1)(3^4+1)(3^8+1)$$

从明目标、自主学、精点拨、整建构、高效率、人人清六个方面强化课堂主阵地. 第一明目标, 教学目标的展示不是教师直接讲授, 而是将目标题目化, 通过题目的变化, 使学生理解和应用平方差公式, 感悟从一般到特殊、数形结合的数学思想方法. 第二自主学, 给予学生充足的时间让其进行自主学与讨论交流, 体现以教师为主导、学生为主体的地位. 公式的推导过程、归纳让学生完成, 完成形式多样化, 个人独立思考或小组讨论后在小白板上完成. 第三精点拨, 点拨关键点由学生归纳, 充分发挥学生思维的碰撞, 在不断纠错过程中训练思维、巩固模型、应用模型、拓展模型. 第四整建构, 每一道题的设计都从易到难, 数学整体的思想体现到位. 虽然题目在不断变化, 但核心思想不变, 就是让学生找准公式中的第一项和第二项, 通过多次变化的学习, 对知识点进行深层性的理解, 真正落实深度学习. 第五高效率, 快反馈, 每位同学完成题目的准确率高. 第六人人清, 每位同学对知识点掌握得都很不错, 反思内化以《平方差公式之歌》呈现, 学生在唱歌的过程中, 将公式、规律、易错点体现在内. 最后的拓展提升题的设计, 达到真正拔高、深度学习的目的.

2. 支架式小步子教学策略, 帮助学生成功

本节课的教学设计遵循小步子教学策略, 把教学内容分解成一步一步, 前一步的学习为后一步的学习作铺垫, 后一步学习在前一步学习后进行. 由于两个步子之间的难度相差很小, 所以学生很容易取得成功, 并建立起自信, 体现"低起点、小步子、多活动、快反馈"的课堂教学模式. 学得实: 低起点与小步子. "低起点"摸清学生相关知识的准备、基础和能力的实际, 把起点放在学生努力一下就可以达到的水平, 使新旧知识产生联结, 形成网络. "小步子"把教学内容由易到难、由简到繁的原则分解成合理的层次, 把产生挫折事件的频率减至最低程度, 使学生层层有进展, 感到自己有能力进行学习. 学得牢:

"多活动"，针对学习困难学生注意力时间短，记忆容量小，概括能力差的特点，改变教师大段讲解的倾向，使师生活动交替进行．学生大量参与教学活动，自我表现的机会多了，能力的发展也通过逐步积累而得以实现．学得活："快反馈"，在每一层次的教学过程中，既有教师的"讲"，也有学生的"练"，还有教师的"查"．既可以把学生取得的进步变成有形的事实，使之受到鼓励，乐于接受下一个任务，又可以及时发现学生存在的问题，及时矫正并调节教学的进度，从而有效地提高课堂教学的效益．

3. 支架式深度学习，让教学触及学生心灵

课堂教学关系中最根本的是教与学的关系，支架式教学下初中数学深度学习课堂提出要把教师的"教"转变为学生的"学"．只有"教"真正转化为"学"，教学才算真的发生，"教"与"学"才会配合默契，教学过程只有始终处于一种动态的和谐共鸣状态，学生的创新精神、实践能力和自学能力才可能真正得到提升，学生的基本素质和个性品质才能得到全面、和谐、充分的发展．支架式深度学习课堂能让学生积极参与富有思维含量的数学活动．数学学习过程是教师、学生围绕学习内容而展开的活动过程，初中数学深度学习要求学生能够全身心投入有挑战性的、富有思维含量的学习活动．在这个过程中，学生经历"探索""归纳""发现""论证"等阶段，经历知识的形成过程，在获得知识、方法的同时，发展数学的思维，体会数学学科的思想方法以及数学在解决现实世界的问题中的价值，体验挑战成功的成就感．在获得数学核心知识的同时，提高思维能力，形成数学学科核心素养，触及学生心灵．

巧搭学习支架，触动数学思维

——以"平方差公式"为例

汉斯林顿（Hetherington，1986）认为，支架可以帮助学习者更好地、更容易地建构学习环境从而实现学习目标，而这些目标仅仅依靠学习者自身的力量是无法实现的．罗森赛恩等（Barak，Rosenshineec & Carla Meister，1992）认为，支架式教学是教师或更有能力的同伴为帮助学习者解决不能独自解决的问题，也即帮助学习者跨越当前水平和目标之间的距离而提供帮助、支持的过程．国内许多学者比较认同的是，"支架式教学"是指教师引导着教学的进行，使学习者掌握、建构和内化所学的知识技能，从而使他们进行更高水平的认知活动．

基于上述思考，在 2019 年 11 月 28 日，笔者作为广东省商庆平名师工作室学员，参加送教到基层活动，为恩平市年乐夫人学校执教基于"支架式教学模式"的《平方差公式》公开课，取得了较好的效果．现将课堂教学设计与评价整理成文，以飨读者．

一、教学设计

环节 1：搭建脚手架，探究公式

计算下列多项式的积，并思考问题．

（1）$(x+1)(x-1)=$ _____；

（2）$(m+2)(m-2)=$ _____；

（3）$(2x+3)(2x-3)=$ _____．

思考：

（1）算式左边相乘的两个多项式有什么共同点与不同点？

（2）算式右边的结果有什么特点？

（3）你能用符号表示这一类算式的规律吗？（形成符号语言）

（4）你能对发现的规律进行推导吗？

（5）平方差公式的文字语言又如何表示？

设计意图：搭建脚手架，精选题目计算多项式的积，让学生在每个算式的计算过程中进一步巩固多项式乘法法则，鼓励学生观察、比较、发现、推理并概括此类多项式的结构特征，引导学生运用多项式乘法法则及合并同类项推导平方差公式，最终形成符号语言、文字语言．让学生从中体会研究数学问题的基本思想方法：从具体到抽象、从一般到特殊的研究方法．

环节2：实践探究，感悟新知

（1）判断下列式子是否可以运用平方差公式？（学生快速抢答）

① $(x+3)(x-2)$　　　② $(x+3)(x+3)$　　　③ $(x+3)(x-3)$

④ $(2x+4)(2x-4)$　　⑤ $(-x+3y)(-x-3y)$

（2）运用平方差公式计算：

① $(x+3)(x-3)$　　　② $(2x+4)(2x-4)$

③ $(-x+3y)(-x-3y)$

设计意图：通过辨别平方差公式与运用公式计算，促进学生对公式的探究与认识，提升学生运用公式计算的能力，落实本节课的教学重点．

环节3：错因分析，方法与技巧

老师带来了四位"小马虎"同学的作业，请你找出他们作业中的错误．

> 小明 $(x-2a)(x-2b)$
>
> 解：原式 $=x^2-(2a)^2$
>
> $\quad\quad=x^2-4a^2$
>
> （方法1：要具备公式的结构特征）

> 小刚 $(x-2b)(x-2b)$
>
> 解：原式 $=x^2-(2b)^2$
>
> $\quad\quad=x^2-4b^2$
>
> （方法2：一项符号相同，另一项符号相反）

小丽 $(x-2a)(x+2a)$

解：原式 $= x^2-(2a)^2$

$\qquad = x^2-2a^2$

（方法3：公式结果的平方不遗忘）

小聪 $(x-2)(-x-2)$

解：原式 $= x^2-4$

（方法4：找准公式中的 a 和 b）

运用多种方法计算：$(x-2)(-x-2)$

（方法一）解：原式 $= -(x-2)(x+2)$

$\qquad\qquad = -(x^2-4)$

$\qquad\qquad = 4-x^2$

（方法二）解：原式 $= (-2+x)(-2-x)$

$\qquad\qquad = (-2)^2-x^2$

$\qquad\qquad = 4-x^2$

（方法三）解：原式 $= -x^2-2x+2x+4$

$\qquad\qquad = 4-x^2$

设计意图：开展课堂活动，引导学生辨析、纠错、改错、一题多解，推动学生积极进行思考，深入挖掘学生的误区在哪里，探究平方差公式的结构特征，归纳解题方法和技巧，准确运用公式进行计算，突破本节课的难点.

环节4：独立探索，巩固提升

计算：（1）$(x+1)(x-1)-(x+1)(x-2)$

（2）103×97

设计意图：创设环节，引导学生综合运用新旧知识，使学生深刻理解平方差公式的结构特征，只有符合平方差公式的结构特征的多项式乘法，才能运用平方差公式简化运算.引领学生感受平方差公式在乘法计算中的简捷应用，使学生将现有数学知识的认知迁移到新的问题情境中，既巩固新知，又培养学生分析问题和解决问题的能力．

环节 5：合作学习，动手操作

如图 1，一边长为 a 的正方形，其中一角缺失一边长为 b 的正方形．

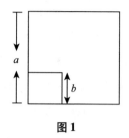

图 1

（1）剩余部分的面积是多少？

（2）请剪拼成一个长方形，并表示其面积．

（3）还有其他剪拼方法吗？

学生作品展示（图 2）：

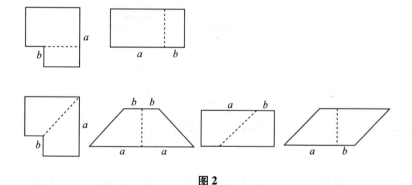

图 2

设计意图：除了运用计算的方法外，还可以用几何图形的变换来验证平方差公式．限时 3 分钟，小组合作，动手操作，用剪拼的方法，探究平方差公式的几何意义．学生通过独立思考、小组交流、代表展示、数学实验室验证等过程，理解平方差公式的几何意义，体会数形结合思想．

环节 6：微课助力，验证结果

引领学生进入数学实验室，运用剪拼好的图形（矩形、梯形、平行四边形）来验证平方差公式，播放微视频，验证结果．

环节7：归纳小结，谈谈收获

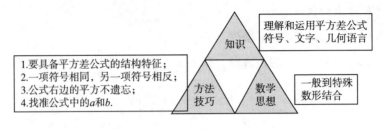

图3

设计意图：通过讨论，引导学生从知识、方法技巧和数学思想三个维度梳理本节课所学内容，指导学生自主构建知识体系，把握本节课的核心——平方差公式，进一步理解公式的结构特征，为公式的运用积累经验.

环节8：效果评价，当堂检测

运用平方差公式计算：

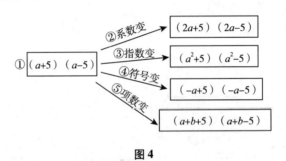

图4

设计意图：此环节，既达成当堂检测学习效果的目的，又在题目的设计里埋下伏笔，让学生在独立思考、自主完成的过程中发现规律：由主题目进行系数变、指数变、符号变、项数变等变式，促进学生深入认识平方差公式的应用规律，并在自主构建知识体系的过程中进一步纵向深入发展，推动数学思维能力发展.

二、教学点评

1. 遵循"低起点、小步子、多活动、快反馈"的教学原则

广东省名师工作室商庆平校长点评：黎老师这节课用最简单的方式，迅速地把平方差公式呈现在学生面前，在最短的时间内，用最快捷的方式快速获得、巩固与扩大成果. 起点低、迅速、活用多项式乘法，毫不犹豫地得到平方差公

式，很快地站在相应的高度，迅速地扩大相应的教学成果．反应到位，表情到位，关注到全体学生，注意到课室的每一个角落．快反馈，得评价者得天下．图视化教学，反其道而行之，放到了最后，通过数学实验的方式，同样强化了对平方差公式的几何理解，图视化支架是可以放在尾部的．"悟者自助"在这节课中展现得非常到位．领悟、启发式教学的典型案例，启发式课堂色彩非常浓厚．是一节有趣、有意、有爱、有料的"四有"课堂；无空话、无费话、无套话、无多余话的"四无"课堂．

需要改善的空间：在"有意"方面，为什么要学平方差公式，缺少这个支架。比如：计算 $(x-2)$ $(x+2)$ (x^2+4) (x^4+16) (x^8+256)，让同学们用多项式乘法计算，有多少同学能算出来？请举手。在学习了这节课之后，再来计算学生会觉得很简单了。平方差公式学习的意义就到位了，非学不可。支架有拓展性问题，向未知区拓展，效果评价，公式有正反两面，$a^2-b^2=(a+b)$ $(a-b)$ 又为因式分解埋下了伏笔，触角伸得更远．

2. 教学设计支架色彩浓厚，实为高效课堂的典范

恩平市年乐夫人学校冯春威副校长点评：黎老师作为一名从一线教师提上来的教研员，教学经验丰富，教学过程让我收获甚多．搭脚手架，探究公式，符合学生已有的认知水平（从上节课学生所学的多项式乘法公式开始），遵循从一般到特殊，再从特殊到一般的认识规律．算理中讲清楚了乘法分配率和加法交换律．引导学生从特殊到一般，观察几个特殊的例子，然后进行概括．黎老师给了学生很多机会，让学生归纳概括特点，用字母 a、b 表示平方差公式的特征．利用公式进行计算，体现了公式的识别、变形和应用，应该是本节课的重点．识别方面，注意引导学生把非标准形状的化为标准形状的（通过加括号、提取负号等），后来增加次数有变化的，体现了"整体换元"的思想方法．在找错环节中，能及时暴露学生的错误，进行有效教学．从而体现：有些问题，公式可以变形用，也有可能不能用．从而揭示公式的适用条件和结构特征．

需要提升的地方：教学小结部分，如果把这节课前面讲过的几个思想方法展示出来，效果会更好．第一是一般与特殊的研究思路；第二是繁和简的关系；第三是标准化和非标准化的问题；第四是数与形的相互转化；第五是变与不变的辩证关系．

三、教学反思

1. 巧搭问题支架，培养学生数学抽象能力

数学抽象能力是形成理性思维的重要基础．本节课从搭建脚手架问题入手，围绕平方差公式的学习主题，按学生"最近发展区"已有的学习水平，对公式进行探究，计算多项式的积并思考问题，从相乘的两个多项式中找出相同点、关系、规律，让学生经历从具体到抽象的过程，从事物的具体背景中抽象出一般规律和结构，并用数学符号或数学术语予以表述．在数学教学活动中，注重抽象能力的培养，有利于学生养成一般性思考问题的习惯，有利于学生更好地理解数学的概念、命题、结构和系统，有利于学生在其他学科的学习中化繁为简，理解该学科的知识结构和本质特征．

2. 巧搭错例支架，培养学生数学运算能力

数学运算能力是在明晰运算对象的基础上，依据运算法则解决数学问题．教师引领学生进行错因分析，归纳总结解题方法．方法1：要具备公式的结构特征；方法2：一项符号相同，另一项符号相反；方法3：公式结果的平方不遗忘；方法4：找准公式中的 a 和 b．这四类常见的错误就像四个关口一样，制约着学生数学运算素养的形成．而且四类错误分别对应了数学运算核心素养培养的六大方面：理解运算对象（符号关、概念关）、掌握运算法则（算理关）、探究运算方向（综合关）、选择运算方法（技巧关）、设计运算程序（综合关）、求得运算结果，只有"过好五关"才能斩得"六将（数学运算核心素养六大方面）"，才可以让自己的数学运算核心素养得到有效培养．

3. 巧搭实践支架，培养学生直观想象能力

直观想象借助空间想象感知事物的形态与变化，利用几何图形理解和解决数学问题．通过学生剪纸活动实践操作，利用面积法验证平方差公式，把抽象的数学知识直观化、形象化，静态概念，动态演绎，构建图视化学习环境，支架性地实现数学概念在学生大脑之间直观"穿梭"，是帮助学生理解数学概念的重要策略之一．利用图形描述数学问题，启迪学生解决问题的思路，建立形与数的联系，加深学生对事物本质和发展规律的理解与认知．直观想象是建立数学直觉的基本途径，在数学教学活动中，重视直观想象核心素养的培养，有利于学生养成运用图形和空间想象思考问题的习惯，有利于学生提升数形结合的能力，有利于学生形成借助图形和空间进行分析、推理、论证的能力．

4. 巧搭范例支架，培养学生逻辑推理能力

逻辑推理是数学教学活动的核心，也是培养科学素养的重要途径．逻辑推理核心素养的养成，可以使人们的交流合乎逻辑，提高交流的效率和效果．独立探索中范例的引入，只有符合公式的结构特征的多项式乘法，才能运用公式简化运算．在效果评价中，由主题目进行系数变、指数变、符号变、项数变等变式训练，促进学生深刻认识平方差公式的应用规律．体现在数学教学活动中，注重逻辑推理核心素养的培养，有利于学生理解一般结论的来龙去脉、形成举一反三的能力，有利于学生形成有论据、有条理、合乎逻辑的思维习惯和交流能力，有利于学生提高探究事物本源的能力．

依托支架教学，引领深度学习

——以《求阴影部分面积》教学为例

　　落实立德树人根本任务，立足发展学生的核心素养，已成为新一轮课程改革发展主流．自 2014 年以来，教育部基础教育课程教材发展中心组织专家团队，借鉴国内外先进经验和研究成果，对深度学习改进项目进行升华与提炼．课堂变革的方向促进每一位学生的深度学习，深度学习就是基于理解的学习，是学生对核心课程知识的深度理解，如格兰特·威金斯和杰伊·麦克泰格（Grant Wiggins & Jay McTighe）提出的著名的"为理解而教"．同时，推动学生以学习为中心，契合以核心素养为目标的理念，以学生核心素养培育为目标的教学改革，着力研究解决"形式化""浅表化""机械化""满堂灌"等现象，整体提高课堂教学的质量和水平，完善基础教育课程体系．以下笔者以《求阴影部分面积》教学设计为例，谈谈个人的教学思考．

一、基本内涵

　　深度学习是让课堂走出虚假学习、浅层学习困境的有效途径，支架教学促进学习者在原有知识基础上内化新知，顺利跨越"最近发展区"，使学生有内在的学习动力，主动参与意识，全身心投入，内心愉悦充实，有坚持下去的毅力，从低阶思维的训练迈向高阶思维的挑战的过程．在学习的过程中，学生掌握学科的核心知识，而不是细碎问题的叠加，问题精简，突出核心，引发深入思考，自主解决问题，理解问题的本质及思想方法，着力培养学生的数学学科核心素养，推动学生形成正确的价值观、积极的态度、必备品格和关键能力．

　　"初中数学深度学习"是在教师引领下，学生围绕具有挑战性的数学学习主题，全身心积极参与、体验成功、获得发展的有意义的数学学习过程．以学生为中心的数学学科课程变革，围绕学习主题深入探究，激活孩子们深层学习动机，促使他们全身心参与实践探究，内化数学知识背后蕴含的学科思想、思维方式，从现实生活中发现问题和提出问题，通过观察、猜测、实验、计算、推理、验证等方式分析问题，促进深度理解和培养创新意识，提高解决问题的能力，将静态的课堂变得鲜活、动感，借助支架教学进入深度学习，形成有助于未来可持续发展的核心素养．

二、教学设计

1. 任务驱动，构建知识

如图1，已知四边形 $ABCD$ 为平行四边形，$AB = 6$，$AD = 4$，$\angle ADC = 60°$，点 E 是 AB 上一点，求阴影面积．

如图2，在 $\odot O$ 中，$\angle BOC = 60°$，直径 $AB = 4$，求阴影面积．

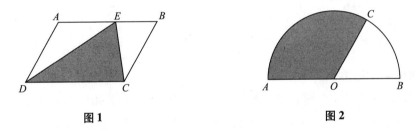

图1　　　　　　　　　　　　　　图2

$$S_{阴影} = S_{\triangle DEC} = \frac{1}{2} S_{平行四边形ABCD} = \frac{1}{2} \times 6 \times 2\sqrt{3} = 6\sqrt{3}$$

$$S_{阴影} = S_{扇形AOC} = \frac{120 \cdot \pi \cdot 2^2}{360} = \frac{4}{3}\pi$$

教学分析： 当所求面积的图形是一个规则图形时，学生可以直接运用基础图形面积公式求解，如三角形、特殊四边形、圆、扇形等，称为公式法．从简单的问题入手，引领学生带着"任务"进入学习情境，把碎片化的知识构建起来，唤醒学生原有认知结构中相关的知识、经验及表象，提高学生运用相关知识与经验顺应新知的能力．

2. 搭建支架，夯实能力

角度1：直接和差法

（2021年怀化中考题）如图3，在 $\odot O$ 中，$OA = 3$，$\angle C = 45°$，则图中阴影部分的面积是_____．

（2021 年广东中考题）如图 4，等腰直角三角形 ABC 中，$\angle A = 90°$，$BC = 4$，分别以点 B、点 C 为圆心，线段 BC 长的一半为半径作圆弧，交 AB、BC、AC 于点 D、E、F，则图中阴影部分的面积为_____．

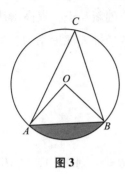

图 3

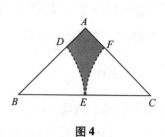

图 4

$$S_{阴影} = S_{扇形AOB} - S_{\triangle AOB}$$

$$= \frac{90 \cdot \pi \cdot 3^2}{360} - \frac{1}{2} \times 3 \times 3$$

$$= \frac{9}{4}\pi - \frac{9}{2}$$

$$S_{阴影} = S_{\triangle ABC} - 2S_{扇形BDE}$$

$$= \frac{1}{2} \times 2\sqrt{2} \times 2\sqrt{2} - 2$$

$$\times \frac{45 \cdot \pi \cdot 2^2}{360} = 4 - \pi$$

角度 2：构造和差法

（2021 年济宁中考题）如图 5，在 $\triangle ABC$ 中，$\angle ABC = 90°$，$AB = 2$，$AC = 4$，点 O 为 BC 的中点，以 O 为圆心，以 OB 为半径作半圆，交 AC 于点 D，则图中阴影部分的面积是_____．

（2021 年资阳中考题）如图 6，在矩形 $ABCD$ 中，$AB = 2\text{cm}$，$AD = \sqrt{3}\text{cm}$，以点 B 为圆心，AB 长为半径画弧，交 CD 于点 E，则图中阴影部分的面积为

_____．

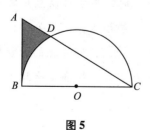

图 5

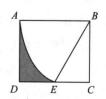

图 6

$$S_{阴影} = S_{\triangle ABC} - S_{扇形BOD} - S_{\triangle COD}$$

$$= \frac{1}{2} \times 2 \times 2\sqrt{3} - \frac{60 \cdot \pi \cdot (\sqrt{3})^2}{360}$$

$$S_{阴影} = S_{梯形ABED} - S_{扇形ABE}$$

$$= \frac{1}{2} \times (1+2) \times \sqrt{3}$$

$$-\frac{1}{2}\times 3\times \frac{\sqrt{3}}{2}=\frac{5\sqrt{3}}{4}-\frac{\pi}{2}\qquad\qquad -\frac{60\cdot \pi \cdot 2^2}{360}=\frac{3\sqrt{3}}{2}-\frac{2}{3}\pi$$

教学分析：所求面积的图形是一个不规则图形，可以先将其转化成多个规则图形面积的和或差，再进行求解．具体分为直接和差法和构造和差法，统称为和差法．围绕学习主题，为学生搭建支架，夯实基础，强化能力，让学生在经历知识产生的过程中体会对数学思想方法的提炼，加深学生对数学知识本质的理解和对知识内在联系的认识与整体把握．

3. 展开支架，合作探究

原题：如图7①，在⊙O中，直径$AB=4$，点C、D为半圆弧AB上的三等分点，点P为直径AB上任意一点，连接CP、DP，则图中阴影部分的面积为_____．

变式1：如图7②，在半径为2的⊙O中，点C、D是弧AB上的三等分点，点E是直径AB延长线上的一点，连接CE、DE，则图中阴影部分的面积为

_____．

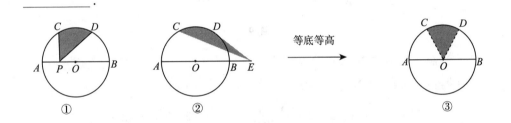

图7

$$S_{\text{阴影}}=S_{\text{扇形}COD}=\frac{30\cdot \pi \cdot 2}{360}=\frac{2}{3}\pi$$

变式2：如图8①，AB是半圆O的直径，且$AB=4$，点C为半圆上的一点．将此半圆沿BC所在的直线折叠，若圆弧BC恰好过圆心O，则图中阴影部分的面积是_____．

图8

$$S_{\text{阴影}}=S_{\text{扇形}AOC}=\frac{60\cdot \pi \cdot 2^2}{360}=\frac{2}{3}\pi$$

教学分析：直接求面积较复杂或无法计算时，可以通过等底等高、旋转、平移、割补等方法，对图形进行全等、等面积、对称等转化，为利用公式法或和差法创造条件，从而求解，称为等积转化法．通过原题及变式训练对求阴影面积问题进行深入合作探究，引发深度思考，形成数学思维方式，理解问题变化的本质，使该问题得以转化、拓展，形成通性通法，并建立起问题之间的深层联系．

4. 活用支架，深度学习

如图 9，在 $\triangle ABC$ 中，$\angle ACB = 90°$，$AC = BC = 2$，以点 A 为圆心，AC 的长为半径作弧 CE 交 AB 于点 E，以点 B 为圆心、BC 的长为半径作弧 CD 交 AB 于点 D，则阴影部分的面积为_____．

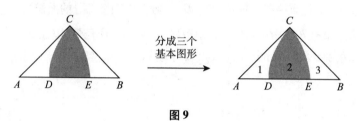

分成三个基本图形 ⟶

图 9

$\because S_{空白3} = S_{\triangle ABC} - S_{扇形ACE}$，$S_{空白1} = S_{空白3}$

$\therefore S_{阴影} = S_{扇形ACE} - S_{空白3} = S_{扇形ACE} - \left(S_{\triangle ABC} - S_{扇形ACE} \right)$

$\qquad = 2S_{扇形ACE} - S_{\triangle ABC} = 2 \times \dfrac{45 \cdot \pi \cdot 2^2}{360} - \dfrac{1}{2} \times 2 \times 2 = \pi - 2$

（2021 年荆门中考题）如图 10，正方形 $ABCD$ 的边长为 2，分别以 B、C 为圆心，以正方形的边长为半径的圆相交于点 E，那么图中阴影部分的面积为_____．

添加辅助线 ⟶

图 10

$S_{阴影} = 2 \times \left[S_{扇形ABE} - \left(S_{扇形BEC} - S_{\triangle BEC} \right) \right]$

$\qquad = 2 \times \left[\dfrac{30 \cdot \pi \cdot 2^2}{360} - \left(\dfrac{60 \cdot \pi \cdot 2^2}{360} - \dfrac{1}{2} \times 2 \times \sqrt{3} \right) \right] = 2\sqrt{3} - \dfrac{2}{3}\pi$

教学分析：图中阴影部分是由几个基本图形相互重叠得到的，此类题目常用的方法是"几个基本图形的面积之和" – "重叠图形的面积" = "组合图形的面积"，称为"容斥原理"．这类题阴影部分一般是由几个图形叠加而成，要准确认清其结构，理顺图形间的大小关系．从基本的数学问题切入，通过问题的不断推演、变化形成问题网络及问题背后的知识网络和方法网络，优化学生的认知结构，将学生推向深度学习，发展学生的数学学科核心素养．

5. 撤销支架，反思内化

原题： 如图 11，抛物线 $y_1 = -\dfrac{1}{2}x^2 + 1$ 向下平移 2 个单位，求图中阴影部分的面积．

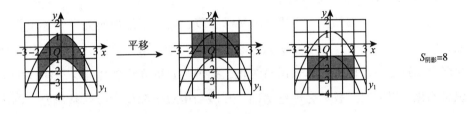

$S_{阴影}=8$

图 11

变式 1： 如图 12，将抛物线 $y_1 = x^2 - 1$ 的图像向右平移 1 个单位得到抛物线 y_2，求阴影部分的面积．

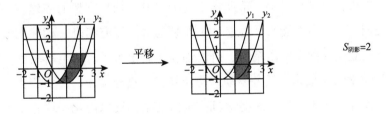

$S_{阴影}=2$

图 12

变式 2： 如图 13，抛物线 y_1 与 x 轴只有一个公共点 A（2，0），与 y 轴交于点 B（0，2），虚线为公共对称轴，若将抛物线向下平移 2 个单位长度得抛物线 y_2，求图中两个阴影部分的面积和．

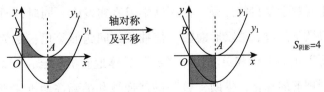

$S_{阴影}=4$

图 13

教学分析：运用本节课所学知识点，自主创设新视野、新考法，通过深度学习促进学生将知识点迁移到新的情境中加以应用，帮助学生更好地联系已有知识储备，使旧知识与新知识产生联系，培养学生学以致用、举一反三、触类旁通的学习能力，提高"知识迁移"发生的能力．在学习经历的基础上，激活学生的有效反思，让学生的思维由表层走向深层，迈向深度学习，实现知识迁移．

三、教学思考

1. 深究细研，依托支架教学

深入研究，仔细钻研，用严谨的科学态度，孜孜不倦地研究探索．突出深究，深入而精细周密，进一步研究考察，明察详情，求索真相；突出细研，树立严谨细致之风，把零散的知识系统化，把碎片化的知识整体化，把粗浅的知识深刻化．以支架式教学为理论基础，开展初中数学深度学习课堂研究，围绕当前学习主题，以学习者当前发展水平为基础，按"最近发展区"的要求建立学习支架，将学生引入一定的问题情境中，探索学习内容，促使学生在教师的引导、启发、激励下，进行独立思考、严谨分析、自主探索。在教学过程中教师要对学生进行引导与提示，帮助学生逐渐攀升，依托支架的搭建，主动构建知识与技能，向更高发展水平迈进．本节课运用"深究细研"构建支架教学育人新模式，立足基础，研出精彩、研出创新、研出水平、研出新高度，以"五步五环"教学法为载体：任务驱动，构建知识；搭建支架，夯实能力；展开支架，合作探究；活用支架，深度学习；撤销支架，反思内化，培养学生逐渐成为既具有独立性、批判性、创造性又有合作精神的学习者．

2. 思维灵动，深度学习真实发生

笔者在教学设计中，以求阴影部分的面积为主题统领深度学习，将思维作为数学课堂的主线，用灵动的教学语言、教学手段、教学方法构建课堂立体桥梁，点燃学生对数学学科的热爱，让深度学习真实发生．同时，通过数与形的相互转化解决数学问题，"以形助数"使抽象的问题形象化、复杂的问题简单化，借助"形"的直观性和灵动性与"数"具体地有机结合，"以数解形"促进对数学问题理解的深化，借助"数"的严谨性和准确性剖析"形"的特质．思维灵动，达到深度学习的效果，善于迅速地发现和解决问题的思维特征，不

呆板，富于变化，表现在观念的流畅性、表达的流畅性和联想的流畅性等方面．

指向深度学习的初中数学支架式教学课堂关注学生思维的活跃性，支架式教学有助于学生理解知识，特别是难于理解与体悟的知识点，可以通过内化学习支架，通过周密灵动的思维过程，获得独立完成任务的技能与方法，同时对学生日后的学习、工作与生活起到潜移默化的作用，使学生养成良好的学习习惯．不仅要让学生感受到书本上"冰冷"的概念、"抽象"的公式及"难于理解"的数学图形和符号，还要让学生形成积极的情感体验和正确的数学价值观．大家主动参与、积极探索，经历数学知识"再发现""再创造""深度加工"的过程，让深度学习真实发生．

3. 情意数学，学科核心素养落地生根

"情意数学"教育的内涵在于：触其情、引其意，以"情"为根，以"意"为源．立足学生核心素养的发展，基于数学眼光、数学思维和数学语言三个维度，促进学生理解和掌握数学的基础知识与基本技能，体会和运用数学的思想与方法，获得数学的基本活动经验．课堂的表现形式：以单元教学为主题统领深度学习、支架下以数学问题链设计指向深度学习、支架下以单元教学为主题统领深度学习．助推课堂从"浅层学习"走向"深度学习"，追求"有情意的数学教育"．

本节课的设计，通过直接运用基础图形面积公式求解、直接和差法与构造和差法发现数学问题，提出数学问题，建立学好数学的信心，引导学生会用数学的眼光观察现实世界，获得所必需的数学基础知识、基本技能，逐步形成几何直观和运算能力．利用等底等高、旋转、平移、割补、容斥原理等方法分析数学问题，解决数学问题，培养学生会用数学的思维思考现实世界，发展数学基本思想、基本活动经验，逐步形成抽象能力、模型观念、推理能力．

教师设计富有挑战性的学习任务，促进师生、生生、小组之间深度互动，逐渐加大难度，提高学生学习数学的兴趣，达到知识迁移的目的，教会学生用数学的语言表达现实世界，形成应用意识、创新意识、质疑问难和勇于探索的科学精神．在学习的过程中，教师要适时抛疑，巧妙设疑，搭建支架，同伴相启，帮助学困生小步子往前走；引领学生探索数学知识之间、数学与其他学科之间、数学与生活之间的联系，使学生了解数学的价值，增大思维容量，促进思维进展，让数学学科核心素养落地开花、生根结果．

4. 深度学习，实现从"离身"到"具身"的蜕变

立德树人是教育的根本任务，新一轮课程改革提出的"核心素养"这一理念，正是连接立德树人与学科课程教学的桥梁，将学习目的由掌握命题性的知识转向素养的培养，脱离"离身"学习的表现，提倡"具身"学习方式无疑为此提供了新的视角．数学核心素养是在数学活动中，把教材知识、生活实际、网络资源合并优化，让学生在课堂上展示风采、收获知识、感受愉悦、感悟思想、发展能力．同时，让学生能在情境中体验成功，培养深刻而灵动的思维品格.

由单一的"听中学"转向重视体验的多感官参与的深度学习．在一个教学活动中生成可感知的具身经验，在学习抽象性的理论或观点时想象具身经验，以此促进所学内容的迁移．由直接给予知识结论转向帮助学生体悟学习过程，实现深度学习．以活动为出发点，激活学生的思维和探究欲，强调问题思维、情境思维、主体思维对学生创新能力的培养起着促进作用，在此过程中学生不再是知识的简单的接受者，实践、行动、做中学是课程实施的重要方法，这正是深度学习的体现．由机械学习转向关注学习过程的改变，走向深度学习．关注学生理解、关联、迁移、应用、质疑等学习活动的过程性，从学习结果来看，强调学生能体会到知识的本质、内在的联系和在新情境中的应用．在数学的教与学中，通过内容的有机整合，整体设计，以及具身学习的学习方式，引导学生走向深度学习.

"支架式深度学习"概念课教学模式
构建与实践

　　贯彻落实国家"双减"政策和《广东省推动基础教育高质量发展行动方案》，响应国家乡村振兴号召．本人有幸参与江门市教育局、江门市教育学会联合开展的"学党史，办实事——融入式帮扶农村义务教育学校"（台山站）主题实践活动，并在台山市斗山镇任远中学进行现场示范教学，执教人教版数学九年级下册《反比例函数》一课，为农村义务教育学校数学学科教师提供可视化、可借鉴的学习课例．

一、"支架式深度学习"概念课教学模式

　　结合省级课题"支架式教学下促进初中数学课堂深度学习的实践研究"，以支架式教学为理论基础，开展初中数学学习课堂的研究．以"搭建支架，引入概念""展开支架，形成概念""活用支架，深化概念""巧用支架，巩固概念""撤销支架，反思内化"五个环节为教学主线，最终达到思维深度学习的目标，逐步凝练出"以情触教，以艺雕琢"的课堂教学风格．

　　初中数学深度学习是在教师引领下，让学生能够全身心投入到富有思维含量的学习活动中．在这个过程中，学生经历"探索""归纳""发现论证"等阶段，经历知识的形成过程，在获得知识、方法的同时，发展数学思维，体会数学学科的思想方法以及数学在解决现实世界的问题中的价值，体验挑战成功的成就感．在深度学习的数学学习活动中，学生经历以从具体到抽象、运算与推理、几何直观、数据分析和问题解决等为重点的思维活动，在获得数学核心知识的同时，提高思维能力，形成数学学科核心素养．

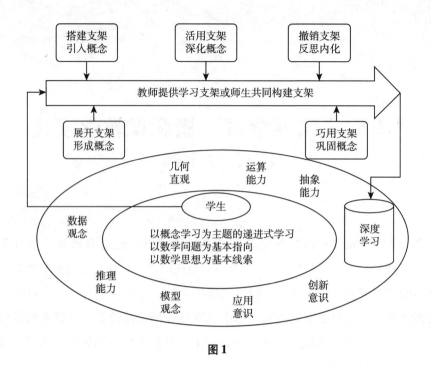

图1

二、教学内容解析

反比例函数是初中函数学习的重要内容，通过反比例函数概念的学习，加深对函数概念的理解，以及对反比例变化规律的认识．通过对现实生活和数学中问题的分析，发现变量间的反比例关系，归纳得出反比例函数的概念，再运用反比例函数的概念对数学和现实生活中的问题进行分析，通过具体实例，确定反比例函数的解析式，是本节课的研究思路．

三、教学目标和目标解析

1. 认识反比例函数的概念，通过对实际问题和数学问题的分析，抽象概括得出反比例函数的概念，知道自变量和对应的函数值成反比例的特征．

2. 能够根据已知条件，确定反比例函数的解析式；能根据问题中的变量关系，确定反比例函数的解析式．

四、教学过程的设计

（一）搭建支架、引入概念

1. 情境引入：高铁列车视频

问题 1：京沪线铁路全程为1463km，某次列车的平均速度 v（单位：km/h），随此次列车的全程运行时间 t（单位：h）的变化而变化．

师：问题中有哪些变量？

生 1：速度 v 与时间 t.

师：变量间存在怎样的关系？

生 2：速度与时间呈反比关系．

师：变量间具有函数关系吗？

生 3：当一个变量变化时，另一个变量随着它的变化而变化，而且对于这个变量的每一个确定的值，另一个变量有唯一确定的值与之对应，具有函数关系．

师：能列出它们的函数解析式吗？

生 4：$v = \dfrac{1463}{t}$.

2. 下列问题中，变量间具有函数关系吗？如果有，请直接写出解析式

问题 2：某住宅小区要种植一块面积为1000m² 的矩形草坪，草坪的长 y（单位：m）随宽 x（单位：m）的变化而变化．

问题 3：已知北京市的总面积为 1.68×10^4 km²，人均占有面积 S（单位：km²/人）随全市总人口 n（单位：人）的变化而变化．

生 5：$y = \dfrac{1000}{x}$，$S = \dfrac{1.68 \times 10^4}{n}$.

设计意图：搭建支架，创设情境，通过高铁列车视频的引入，带领同学们开启探究学习之旅．对于路程、速度与时间的关系，学生是非常熟悉的，让学生感受量与量之间的函数关系，体会实际问题中蕴含的函数关系，激发学生的探究兴趣．通过对三个问题的分析，自然引入概念，让学生学会用函数的观点分析生活中变量之间的关系，能够用反比例关系式表示出来，初步建立反比例函数的模型．

（二）展开支架、形成概念

1. 思考

观察问题1、2、3这些函数解析式，有什么共同点.

$$v = \frac{1463}{t}，\ y = \frac{1000}{x}，\ S = \frac{1.68 \times 10^4}{n}$$

生6：都有两个变量，当一个变量变化时，另一个变量也随之产生变化.

生7：都是函数，当一个变量的值确定时，另一个变量有唯一确定的值与其对应.

师：两位同学回答得很不错，还有补充的吗？

生8：等号的左边是一个变量，等号的右边是一个分式.

2. 归纳得到反比例函数的概念

一般地，形如 $y = \dfrac{k}{x}$（k 为常数，且 $k \neq 0$）的函数，叫作反比例函数，其中 x 是自变量，y 是函数. 自变量 x 的取值范围是 $x \neq 0$ 的一切实数.

反比例函数的三种表达式：$y = \dfrac{k}{x}$、$y = kx^{-1}$、$xy = k$.

设计意图：展开支架，通过教师提出问题，学生独立思考后，小组讨论交流，对实际问题进行分析，能够抽象归纳出数学模型，渗透数学建模的思想. 使学生从上述不同的数学关系式中抽象出反比例函数的一般形式，感受反比例函数的基本特征，发展学生用规范的数学语言描述反比例函数的能力，从而形成概念，同时将反比例函数表达式进一步深化变形，x 的指数为负数、两个变量的乘积为定值，让学生学会用三种表达方式表示.

（三）活用支架、深化概念

（1）下列哪些关系式中，y 是 x 的反比例函数？

$$y = 2x + 1，\ y = \frac{8}{x}，\ y = x^2 + 3x + 2，\ y = \frac{k}{x}\ (k \neq 0)，\ xy = 5，\ y = \frac{1}{x^2}，\ y = 3x^{-1}$$

（2）用函数解析式表示下列问题中变量间的对应关系：

① 一个游泳池的容积为 2000m³，游泳池注满水所用时间 t（单位：h）随注水速度 v（单位：m³/h）的变化而变化；

② 某长方体的体积为 1000cm³，长方体的高 h（单位：cm）随底面积 S（单位：cm²）的变化而变化；

③ 一个物体重 100N，物体对地面的压强 p（单位：Pa）随物体与地面的接

触面积 S（单位：m^2）的变化而变化.

（3）利用希沃软件设计游戏环节，请两位同学现场对决.

设计意图：活用支架，根据变量之间的关系式，辨析反比例函数的概念，引导学生用反比例函数的概念去快速判断函数是否为反比例函数，把握两个变量的乘积为定值这一基本特征，同时熟练掌握运用函数解析式表示实际问题中变量间的对应关系，让学生达到深化概念的目的.

（四）巧用支架、巩固概念

（1）若函数 $y = 2x^{m-1}$ 是反比例函数，则 m 的值为_____.

（2）若函数 $y = (m-1)x^{m^2-2}$ 是反比例函数，则 m 的值为_____.

师：如何求 m 的值？

生9：第（1）题，当 $y = 2x^{m-1}$ 是反比例函数，$m-1 = -1$，所以 $m = 0$.

生10：第（2）题，$y = (m-1)x^{m^2-2}$ 是反比例函数，$m^2 - 2 = -1$，所以 $m = \pm 1$.

师：同意这两位同学的结果吗？

生11：第（2）题，要添加 $m-1 \neq 0$ 的条件，结果应该是 $m = 1$.

例：1. 已知 y 是 x 的反比例函数，并且当 $x = 2$ 时，$y = 6$.

（1）写出 y 关于 x 的函数解析式；

（2）当 $x = 4$ 时，求 y 的值.

2. 已知 y 是 x 的反比例函数，并且当 $x = -3$ 时，$y = 8$，写出 y 关于 x 的函数解析式.

设计意图：巧用支架，灵活运用反比例函数的概念解题，将一般式 $y = \dfrac{k}{x}$ 转化为 $y = kx^{-1}$ 是解题的关键，并注意 $k \neq 0$ 的取值范围，不遗漏. 教师分析讲解例题，学生模仿例题解题，巩固概念，使学生根据已知条件求反比例函数的解析式，运用待定系数法求常数 k 的值，一旦 k 的值确定了，反比例函数就确定了，进一步熟悉函数值的求法，达到深度学习的目的.

（五）撤销支架、反思内化

已知 y 与 x^2 成反比例，并且当 $x = 3$ 时，$y = 4$.

（1）写出 y 关于 x 的函数解析式；

（2）当 $x = 1.5$ 时，求 y 的值；

（3）当 $y = 6$ 时，求 x 的值.

设计意图：学生掌握本节课内容后，在恰当的时机撤销支架，让学生独立、自主攀爬框架，无形胜似有形，支架结构已内化于心，达到学会学习、深度学习的目的．本题考查对反比例函数概念的灵活运用，y 与 x^2 成反比例，将 x^2 看作整体，进一步加深对反比例函数概念的理解，反思内化，明确反比例与反比例函数的区别和联系，并会解决实际问题，将 1.5 小数化为分数解题，这样运算过程会简化，问题能迎刃而解．

五、课堂小结

1. 数学知识：反比例函数

数学方法：利用待定系数法求函数解析式．

数学思想：数学建模．

2. 同唱一首歌，理解歌词内涵

如果我是双曲线，你就是那渐近线；如果我是反比例函数，你就是那坐标轴；虽然我们有缘，能够生在同一个平面；然而我们又无缘，漫漫长路无交点；为何看不见，等式成立要条件；难道正如书上说的，无限接近不能达到；为何看不见，明月也有阴晴圆缺，此事古难全，但愿千里共婵娟．

设计意图：本环节从数学知识、数学方法、数学思想三大层面，高度概括本节课学习的要点"反比例函数"，熟练运用待定系数法求函数解析式，渗透数学建模的思想，并通过同唱一首歌，理解歌词的内涵，进一步理解概念，同时也为学习下一节课反比例函数的图像与性质作铺垫．

"支架式深度学习"讲评课教学模式
构建与实践

2020 年，广东省数学中考命题进行改革，取消了《广东省初中学业水平考试大纲》，试题格局有所调整，考试时间缩短 10 分钟，删减了部分常考题型、增加了一些新颖、开放题型，并调整部分题型的位置，灵活性明显增加，避免了模式化、套路化的试题结构．2021 年，进一步打破应试规则，更明确地呈现出中考试题"体现基础，重视思维，突出有效，关注综合，适度区分"的特点，中考命题的改革持续深入．

如何根据中考的改革动向来转化我们的教学模式呢？下面以广东省学业水平测试数学试卷第 10 题为例，构建"支架式深度学习"讲评课教学模式，打造"以情触教，以艺雕琢"的课堂教学风格，说说笔者的看法．

一、"支架式深度学习"讲评课教学模式

结合省级课题"支架式教学下促进初中数学课堂深度学习的实践研究"，以支架式教学为理论基础，开展初中数学学习课堂的研究．以"搭建支架，梳理知识""展开支架，激学导思""活用支架，探究方法""巧用支架，深度学习""撤销支架，反思内化"五个环节为教学主线，最终达到思维深度学习的目标，逐步凝练出"以情触教，以艺深雕"的课堂教学风格．

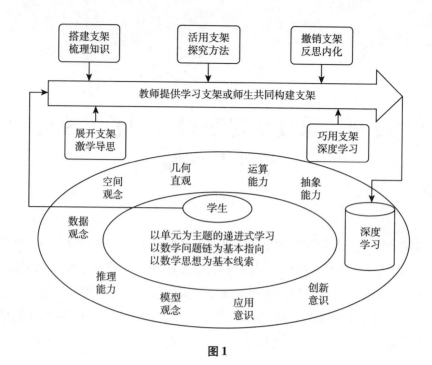

图 1

二、教学过程设计

1. 搭建支架，梳理知识

（2021 年广东中考数学第 10 题）设 O 为坐标原点，点 A、B 为抛物线 $y = x^2$ 上的两个动点，且 $OA \perp OB$. 连接点 A、B，过 O 作 $OC \perp AB$ 于点 C，则点 C 到 y 轴距离的最大值是（ ）

A. $\dfrac{1}{2}$ 　　　　B. $\dfrac{\sqrt{2}}{2}$ 　　　　C. $\dfrac{\sqrt{3}}{2}$ 　　　　D. 1

本题作为选择题的压轴题，以二次函数图像为支架背景命题，文字虽少，但给出的已知条件非常清晰，知识覆盖面非常广，考查函数背景下"隐圆"轨迹求最值问题，涉及点到直线的距离、勾股定理、相似三角形的判定和性质、一次函数的性质、圆的概念和性质等知识点. 由于题目没有搭建具体图形，对数学知识应用实践的能力要求较高，学生需要解读情境信息，自主搭建模型解答，这需要学生具备较强的数学抽象、数学建模、逻辑推理能力，如此才能在规定时间内解决问题.

2. 展开支架，激学导思

展开支架，分析具体解题过程，激活学生思维，引导学生思考. 本题解法较多，但无论何种解法都必须直接或间接求线段 AB 与 y 轴的交点 P 的坐标及 OP 的长度．在求得 OP 长度的前提下，再去求点 C 到 y 轴的距离的最大值．

如图 2，设点 A（a，a^2），B（b，b^2），过点 A 作 $AM \perp x$ 轴于点 M，过点 B 作 $BN \perp x$ 轴于点 N.

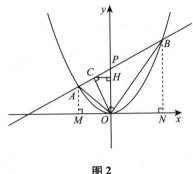

图 2

$\because OA \perp OB$，$\angle AOM + \angle OAM = \angle AOM + \angle BON = 90°$

$\therefore \angle OAM = \angle BON$

又 $\because \angle AMO = \angle BNO = 90°$

$\therefore \triangle AMO \backsim \triangle ONB$

$\therefore \dfrac{AM}{ON} = \dfrac{OM}{BN}$

$\therefore \dfrac{a^2}{b} = \dfrac{-a}{b^2}$

$\therefore a^2 b^2 = -ab$ 解得：$ab = -1$

设直线 AB 的解析式为 $y = mx + n$，把 A（a，a^2）、B（b，b^2）代入

$$\begin{cases} a^2 = am + n \\ b^2 = bm + n \end{cases}$$

解得：$m = a + b$，$n = -ab$

$\because ab = -1$，$\therefore n = 1$

$\therefore$ 直线 AB 的解析式为 $y =$（$a + b$）$x + 1$

$\therefore$ 它必过定点 P（0，1）

$\therefore$ 点 C 在以 OP 为直径的圆上，而过点 C 的最长的弦为直径

$\therefore CH_{max} =$ 半径 $= \dfrac{1}{2}$，即答案选 A.

3. 活用支架，探究方法

支架下探究1：三角形相似中的"三垂直"模型

第10题虽然很新颖，但并不陌生，比如以下两道题是平时训练中很常见的.

例1：如图3，在 Rt△AOB 中，∠AOB 为直角，A（-3，a），B（3，b），则 ab = _____．

例2：在平面直角坐标系中，将 Rt△AOB 如图4放置，直角顶点与原点 O 重合，顶点 A、B 恰好分别落在函数 $y = -\dfrac{4}{x}$（x < 0），$y = \dfrac{9}{x}$（x > 0）的图像上，则 cos∠ABO = _____．

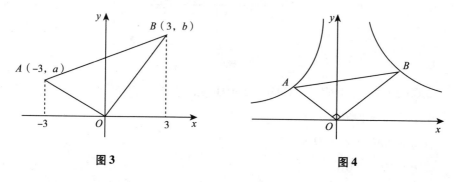

图3   图4

分析：无论是全等还是相似，笔者都引导学生总结出很多常见的数学模型，比如"8字形""A字形""手拉手型""一线三等角型"（图5），学生只有掌握了这一个个数学模型，才有可能在短时间内理清复杂的逻辑关系，从而解决数学难题.

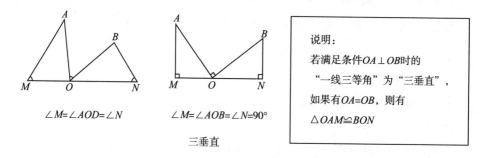

∠M=∠AOD=∠N   ∠M=∠AOB=∠N=90°

说明：
若满足条件OA⊥OB时的
"一线三等角"为"三垂直"，
如果有OA=OB，则有
△OAM≌BON

三垂直

图5

例1直接将一个"三垂直"的模型摆放在了平面直角坐标系中，例2是例1的变式题，将"三垂直"的模型放置于双反比例函数的图像上，这两道题利用"三垂直"模型的解题方法很好解决，中考题第10题明显把例2中的反比例函数换成了二次函数.

4. 巧用支架，深度学习

支架下深度探究2："三垂直"和顶点在原点的二次函数碰撞出的火花

例3：设 O 为坐标原点，点 A、B 为抛物线 $y=kx^2$（k 为常数，且 $k>0$）上的两个动点，且 $OA \perp OB$，连接点 A、B，求证：直线 AB 与 y 轴的交点为定点.

分析：例3将中考题第10题的二次函数二次项的系数为1改成了任意实数，结论依然成立吗？我们不妨解答一下：

证明：设点 A (a, ka^2)，B (b, kb^2)，过点 A 作 $AM \perp x$ 轴，过点 B 作 $BN \perp x$ 轴

$\because OA \perp OB$，$\angle AOM + \angle OAM = \angle AOM + \angle BON = 90°$

$\therefore \angle OAM = \angle BON$

又$\because \angle AMO = \angle BNO = 90°$

$\therefore \triangle AMO \backsim \triangle ONB$

$\therefore \dfrac{AM}{ON} = \dfrac{OM}{BN}$

$\therefore \dfrac{ka^2}{b} = \dfrac{-a}{kb^2}$

$\therefore k^2a^2b^2 = -ab$

解得：$ab = -\dfrac{1}{k^2}$

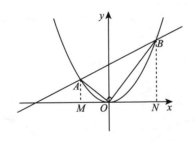

图6

设直线 AB 的解析式为 $y = mx + n$，把 A (a, ka^2)，B (b, kb^2) 代入

$\begin{cases} ka^2 = am + n \\ kb^2 = bm + n \end{cases}$

解得：$m = k$ $(a + b)$　$n = -kab$

$\because ab = -\dfrac{1}{k^2}$ $\therefore n = \dfrac{1}{k}$

∴ 直线 AB 的解析式为 $y = k\,(a+b)\,x + \dfrac{1}{k}$

∴ 它必过定点 $P\left(0,\dfrac{1}{k}\right)$

显然，将"三垂直"的模型放置于顶点在原点的二次函数图像上，无论这条抛物线的开口向上还是向下，两动点所连的直线与 y 轴的交点都是固定不变的点，若教师引导学生平时多观察、多变式、多归纳，使学生养成这样的思维习惯，考试的时候便会节省不少的时间．

支架下深度探究 3：最值问题模型化

最值问题连续两年成为填空题的压轴题，2021 年广东省学业水平测试数学试卷更是有多达 4 道题出现了最值问题，由此可见最值问题的重要性，只有将最值问题模型化，才可以让学生快速有效地解决考试中遇到的任何一种最值问题．

中考第 10 题，求出 OP 长度不变，且 $\angle OCP = 90°$ 不变，如果学生对动点问题中轨迹是圆的模型很熟悉，看到"定点定长""定边定角"就会想到有"隐圆"，就不难得出点 C 的轨迹是以 OP 为直径的圆．以下是轨迹为圆的两种常见模型：

模型 1：定点定长

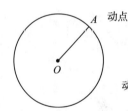

动点 A 到定点 O 距离为定值，则的轨迹是圆

图 7

模型 2：定边定角

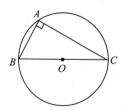
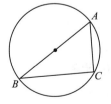

$\angle A = 90°$，且 $\angle A$ 所对的边 BC 长度是定值，则点 A 的轨迹是以 BC 为直径的圆

$\angle A =$ 定值，且 $\angle A$ 所对的边 BC 长度是定值，则点 A 的轨迹在 BC 所对的圆心角为 $2\angle A$ 的圆

图 8

既然点 C 的轨迹是以 OP 为直径的圆，那么求点 C 到 y 轴距离的最大值的问题就转化成了圆的最值问题，圆的最值问题有以下两种常见模型：

模型1：最长最短弦

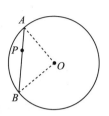 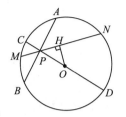

点 P 为圆内的任意一个动点

$\because OA+OB \geq AB$

$\therefore AB$ 的最大值为直径

过圆内任意一点 P 最长的弦是直径

$\because OH < OP$

$AB=2\sqrt{R^2-OP^2}$，$MN=2\sqrt{R^2-OH^2}$

$\therefore MN > AB$

$\therefore$ 过点 P 最短的弦为与过点 P 直径垂直的弦

图9

模型2：最远最近点

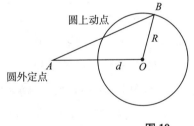

圆上动点

圆外定点

$\because d+R \leq AB \leq d+R$

$\therefore AB$ 的最大值 $=d+R$

AB 的最小值 $=d+R$

图10

5. 撤销支架，反思内化

学生在教师所建立的支架帮助下，经历一些问题的思维过程后，对知识特别是隐性知识有了一定的体悟与理解，随着学生对知识全面理解能力的逐步提升，当他们能够承担更多任务时，辅助支架要张弛有度并逐渐撤销，学生在脱离支架的帮助下独立探索，有更多的意义构建空间．

（1）学深悟透数学建模思想

由于本考题没有直接给出图形，所以在解决问题时，学生往往无从下手，不知所措，进而产生畏惧心理，思维主题束缚于旧知，苦思而不得突破，出现不能跨越已知与未知之间的鸿沟而徘徊不前的情况．解决问题的关键之一就是出示一些将实际情况抽象转化为数学问题的数学模型，要建立恰当的数学模型必须突破题意阅读关，捕捉题中的关键信息．作为教师首先应明确学生实际的认知水平，对所解决的问题把握好难度关．其次，要积极引导学生主动理解题意，获取信息，重视从文字语言到数学语言的转化过程．从实际问题抽象出数学本质的关键一步不能为学生代劳，要启发学生自己总结数学模型，切忌贪多求快直接给出式子的做法．

近两年的中考题对学生阅读理解能力、信息迁移能力和数学建模思想方法的实际应用能力的考核明显增多，也是当今数学教育发展的一种必然趋势．而如何将一个用文字语言叙述的题目，根据其实际意义概括为纯粹的数学问题，同时抓住命题中所蕴含的数学信息，恰当准确地建立一个数学模型（即数学建模），则成为学生解题的关键．教师应当结合日常教学，引导学生逐步学会将实际问题转化为数学问题，亦即学会建立数学模型，如方程和方程组模型、函数模型、不等式和不等式组模型、概率和统计模型、几何模型等，从而提高学生的建模素养．

（2）深度学习课堂走向核心素养

党的十九大进一步强调"落实立德树人根本任务，发展素质教育"．初中数学深度学习的发生，是对学生数学学习过程的改变，也是对学习结果的改变，结合数学学科特点及学生认知水平，循序渐进地引导学生在知识的发生、发展和联系中，体会数学本质，感悟数学思想，逐步引导学生思维走向深入，最终形成高阶思维．专心听讲、独立思考、自主探索、动手实践、合作交流等是学生主要的学习经历，培养学生良好的学习习惯．利用观察、猜测、实验、计算、推理、验证等方法，引发学生积极思考，鼓励学生质疑问难，推动学生形成积极的情感、态度和价值观，逐步形成核心素养．

以学生的核心素养发展为导向，落实深度学习，体现数学课程育人价值．通过数学的眼光，从现实世界的客观现象中发现数量关系与空间形式，学会认识与探究现实世界的观察方式，形成好奇心，增强想象力，发展创新意识；通过数学的思维，揭示客观事物的本质属性，建立数学对象之间、数学与现实世界之间的逻辑联系，理解与解释现实世界的思考方式，培养科学态度与理性精神；通过数学的语言，简约、精确地描述自然现象、科学情境和日常生活中的数量关系与空间形式，养成用数学语言表达交流的习惯，欣赏数学语言的简洁与优美．

（3）以算促学增强运算能力

运算是学习数学的基石，培养学生的运算核心素养是学好数学的基础．如果运算能力不过关，就会严重影响学生学习数学的兴趣和成绩，不仅对学生时代的学习不利，而且会影响学生一生的发展．在教学实践中，我们发现，有些学生虽然懂计算方法，但却常常出现计算错误．纵观历年的中考，考生由于运算出错而失分的情况屡见不鲜．

培养学生正确且快速的运算能力，让他们掌握一定的技巧是非常必要的，熟能生巧．初中阶段的学生要想做到运算又对又快，必须做到六个熟练：熟练掌握有理数与实数的运算；熟练掌握整式、分式、根式的运算；熟练掌握因式分解、解方程与解不等式；熟练掌握三角函数的运算；熟练运用基本概念、性质、公式、法则和常用数据；熟练掌握一些口算、心算的方法．如此，才有可能转化为"巧"，"巧"即合理、简捷，巧算能减少运算量，从而保证运算的准确、快速．

构建问题串支架的数学复习课教学模式

——以"分式的综合运算课"为例

维果茨基（Lev Vygotsky，1896—1934）是苏联建国时期卓越的心理学家，他提出的"最近发展区"理论把学生的发展分为两种水平，一种是学生的现有水平，另一种是学生潜在的发展水平，两者之间的差距就是最近发展区，处在这一区域时的学生，认知情况处在知与不知、会与不会、能够胜任与不能胜任之间，所以需要设置学习支架才能完成既定的学习任务．

带着对上述维果茨基支架理论的理解，作为广东省特级教师商庆平名师工作室成员，笔者有幸被指派到陕西省西安市蓝田县蓝关镇尧山初级中学，以问题串支架式教学的方式上了《分式的综合运算》的示范课．虽然面对两地教材版本的不同，对学生学习情况不了解、不熟悉，拿到教材及接到课题时间紧迫等困难，我们的团队还是完成了跨省送教研下乡的任务，受到与会听课人员、专家领导的好评．但教育教学从来就是一门遗憾的艺术，由于部分题目没能在现场展现，回到广东笔者进行了第二次授课，深度挖掘，现结合自己两次教学实践，以及课后商庆平校长对本节课的点评，谈谈教学过程与教学思考．

一、学生的现有水平分析

学生已了解分式的意义、通分、约分及四则运算法则；能对两个或三个分式进行简单的加减乘除运算，了解异分母分式必须化为同分母分式才能进行加减运算，让学生体会化归思想在异分母分式加减运算中的作用．

二、学生潜在的发展水平分析

1. 启发分式概念上的整体思想

学生对 $\dfrac{1}{x}$ 是一个分式没有多大疑问，但从内心深处对 $\dfrac{x^2-3x}{9-3x}$ 是一个分式的内化需要一个过程，原因是缺失把整式形式的分子、分母分别当成两个整体，从而与小学学过的分数类比起来，总觉得别扭，而突破这一最近发展区的办法在于设置足够的学习支架，以启迪学生的整体思维.

2. 促进数学整体运算素养的新构建

大半年前这些学生还是小学生，习惯了单纯的数字运算，对于分子分母都是单项式的两个分式的四则运算没有多大障碍，但要一下子就进入分子分母都是多项式的两个分式的四则运算，就要有整体与整体间运算的素养，这种素养不但要有把整体分解成最简因式的意识，还要有符号感，要随时为变式而变符号，这种发展区的困惑，也需要在支架帮助下，逐一化解.

三、教学过程

1. 构建学习支架，引入课题

① $\dfrac{x}{3}$；② $\dfrac{1}{x}$；③ $a+3$；④ $\dfrac{b}{\pi}$；⑤ $\dfrac{1}{x-3}$；⑥ $\dfrac{x^2-3x}{9-3x}$；⑦ $\dfrac{x^2-9}{x-1}$；⑧ $\dfrac{x^2-1}{9-6x+x^2}$.

问题 1：观察以上 8 个式子，哪些是分式？

学生 1： $\dfrac{x}{3}$ 是分式.

（第一位学生的回答，令班上其他同学意识到了问题的存在.）

学生 2： $\dfrac{x}{3}$ 不是分式.

教师：你是如何判断的？

学生（众）：根据分式的概念，因为分母中没有字母，3 是常数.

（通过重新回顾，后面七个式子的判断迎刃而解.）

问题 2：（追问）哪些是最简分式？请把不是最简分式的式子化简.

学生 3：（快速回答）②⑤是最简分式.

教师：⑥⑦⑧呢？

（进入思考状态，学生拿起笔进行计算）

学生4：⑦⑧是最简分式，因为分子与分母没有公因式．

教师：⑥是不是最简分式？

学生5：不是，因为分式的分子与分母中有公因式 $x-3$，可以进行约分．

教师：不错，分式经过约分化为最简分式．

2. 问题设计，引导上架

问题3：设置"抢红包"游戏，全班同学分为三个小组，学生代表上台抽取题目．

红包1：⑤-⑥ $\dfrac{1}{x-3}-\dfrac{x^2-3x}{9-3x}$

红包2：⑦×⑧ $\dfrac{x^2-9}{x-1}\times\dfrac{x^2-1}{9-6x+x^2}$

红包3：⑤÷⑧ $\dfrac{1}{x-3}\div\dfrac{x^2-1}{9-6x+x^2}$

三组红包任务分配好，各小组完成习题，小组长检查本小组学生的做题情况，并汇报正确率，查找错漏并分析原因，派学生代表上台板书展示解题过程，相互评价．

学生6：在⑤-⑥中，本小组正确率为90%，错误分析如下：

$$\frac{1}{x-3}-\frac{x^2-3x}{9-3x}=\frac{1}{x-3}-\frac{x(x-3)}{3(3-x)}=\frac{1}{x-3}+\frac{x(x-3)}{3(x-3)}$$

计算过程中，交换 $3-x$ 位置后，忘记变号．

学生7：（补充）计算到 $\dfrac{1}{x-3}+\dfrac{x(x-3)}{3(x-3)}$ 这一步，本组有一半的同学把第二项式子的公因式 $x-3$ 约去，在进行下一步通分时，才发现这一步是多余的，不应该约分．

教师：有请下一组同学汇报小组做题情况．

学生8：在⑦×⑧中，本小组正确率为87%，错误分析如下：

$$\frac{x^2-9}{x-1}\times\frac{x^2-1}{9-6x+x^2}=\frac{(x+3)(x-3)}{x-1}\times\frac{(x+1)(x-1)}{(3-x)^2}$$

在第二项式子的分母交换 $3-x$ 位置后，误认为要变号，提取负号，导致计算结果错误，出现负号．

学生9：（补充）各位同学请谨记，当遇到 $(3-x)^2$ 偶次方的情况，交换位置无须变号．

学生 10：（迫不及待）在⑤÷⑧中，本小组正确率为 100%，请给予我们掌声鼓励吧．同学们要谨记，分式运算要遵守运算法则，遇到除法的时候必须先颠倒分子分母的位置，再进行计算．

3. 问题串式，螺旋上升

教师：非常好，刚才三个小组长的汇报都很精准地表达了本小组的情况，现在老师要加大难度了．

问题 4：（②－⑤）×⑥：$\left(\dfrac{1}{x}-\dfrac{1}{x-3}\right)\cdot\dfrac{x^2-3x}{9-3x}$，要求小组内完成后，与其他小组交换并用红笔批改，并汇报批改情况．

$$\left(\frac{1}{x}-\frac{1}{x-3}\right)\cdot\frac{x^2-3x}{9-3x}=\frac{x-3-x}{x(x-3)}\cdot\frac{x(x-3)}{3(3-x)}=-\frac{1}{3-x}$$

学生 11：第一、三小组的正确率较高，但个别同学通分时出现错误，去括号时没有变号．

学生 12：第二小组的情况，有部分同学在计算到最后一步时，约分把负号也约掉了，没有保留负号．

教师：既然大家都能顺利完成问题 4，接下来我们继续挑战问题 5.

问题 5：（2018 年陕西省中考真题）化简 $\left(\dfrac{a+1}{a-1}-\dfrac{a}{a+1}\right)\div\dfrac{3a+1}{a^2+a}$

（全班正确率为 94%）

教师：同学们完成得很不错，现在请思考问题 4、问题 5 两题与前面三组"红包"的题目，相同点与区别分别在哪儿？要注意什么？

（进入片刻思考状态）

学生 13：都是分式的混合运算，都要运用到因式分解、通分、约分知识点．

学生 14：三组"红包"题目是对两个分式进行加、乘、除运算，而问题 4、5 是对三个分式的混合运算．

学生 15：要正确使用运算法则和运算顺序，遇到异分母相加减时要进行通分，而且最后结果必须化为最简．

教师：很棒，刚才同学们分享了心中的体会，现在老师点拨归纳：1. 分式的综合运算，要正确地使用相应的运算法则和运算顺序，结果必须化为最简；2. 混合运算的特点，是整式运算、因式分解、分式运算的综合运用．

教师：中考真题完成化简后，在这个基础上老师增加一些问题，继续深入探讨．

问题 6：在 0、±1、2 中选一个你喜欢的数代入原式求值．

学生 16：只能选择 2 代入，因为 0、±1 都使原分式的分母为零，无意义．

问题 7：当 $a = \sqrt{2}$ 时，代入原式求值．

问题 8：当 $a = \sqrt{2} + 1$ 时，代入原式求值．

追问：把问题 8 变为问题 9，当 $a = \sqrt{2} + 1$ 时，求原式的值，有区别吗？

追问：把问题 6 变为问题 10，在 0、±1、2 中选一个你喜欢的数求原式的值，有区别吗？

学生 17：当 $a = \sqrt{2}$、$a = \sqrt{2} + 1$ 时，原式化为 $\dfrac{\sqrt{2}}{\sqrt{2} - 1}$、$\dfrac{\sqrt{2} + 1}{\sqrt{2}}$，要注意分母有理化的计算．

4. 拓展提升，思想升华

拓展题：已知 $x + \dfrac{1}{x} = 2$，求 $x^2 + \dfrac{1}{x^2}$ 的值．

5. 小结归纳

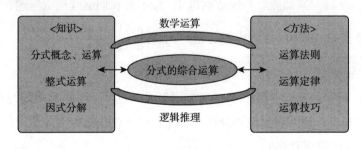

图 1

四、教学总结与反思

1. 让教学主线明确贯穿始终

本节课教学设计从认识分式到化简分式再到分式的综合运算形成一条主线，都是从八个式子当中挑选，避免不必要的麻烦，更好地突出了这节课的重点，以"抢红包"、小组合作、相互评价等丰富而新颖的活动，将不同式子的多种运算组合构造丰富的题型，激发学生踊跃参与到课堂的学习和探究中，进一步加深学生对最简分式、约分、通分、分式的运算等的理解与掌握．善于设疑，适时抛疑，并有点对点的训练，渗透中考考题，打开学生的思路，拓宽学生的思维空间，增强学生思维的发散性．为学生搭建支架，引导学生自主探究和建构知识体系，在活动中获取经验，在经验积累中形成思维和方法．教师归纳思路，一题导解；举一反三，一题导变；练相关题，一题导练．

2. 引导学生"共学"与"助学"

将"听讲"变为学伴引领下的"共学"与"助学"，学生在支架导学下独学之后，有的同学会有大量的问题与困惑要与同学交流；有的同学会有一种在帮助别人过程中展示自己能力的欲望；还有的同学会产生一种展示自己学习成果或分享学习经验的冲动，而这种欲望与冲动，能否化身为荣光或成就感，就要看能否经得起同伴的争辩或同伴同化了，而争辩与同化，其实就是一个强化逻辑分析的过程．因此，共学与助学顺应了这种要求，变"听讲"为学生之间的一种活动，通过学生提出问题、小组讨论等解决问题．

本节课的基本思路是概念辨析—基本运算—综合运算—中考分析—拓展延伸（图 2），达成基础知识、能力发展及数学思想三个维度的发展．两个分式的加减或乘除的基本运算，以游戏形式开展学习活动，突破过往沉闷的代数课堂模式，寓教于乐，小组合作相互评价，知识方面有效检测了学生的实际学情，为教学活动的开展提供了直接的参考依据．学生在"共学"的小组合作学习过程中教师巡视其中，了解学生们学习与讨论情况．当个别小组有问题时，教师及时指导，当发现各小组都解决不了问题时，教师则针对本节的关键、难点等，在学生思而不得、言而不明、探而不深的地方进行点拨，让学生在集体"研究"的过程中悟懂、悟透，从而深刻理解与掌握所学的内容．

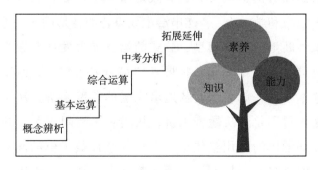

图 2

3. 助力学科的核心素养培养

数学核心素养是"数学思想"中的DNA，教师是培养数学核心素养的主体，课堂是培养数学核心素养的主渠道，落实数学核心素养，教师要在课堂上落实"四基"、培养"四能"，达成"三会"的目标，进而培养学生的数学核心素养．课程教学设计应有深度、广度，既要基于课本又要高于课本，师生之间的互动有温度．问题串支架教学模式，始终立足课程伊始的分式进行充分而深入的探究：从分式概念的发展到分式基本运算法则的巩固、从两个分式的基本加减或乘除运算到三个分式混合运算的发展，逐步靠近中考真题，引领学生理解中考真题的内涵；从运算方法的夯实到运算定律的精准选择；从运算技巧的创新到数学运算素养的落实，一步一个脚印地引领学生自主学习、讨论，达成教学目标．拓展提升，引导学生归结方法与思想，站在整体的维度解决问题，使学生的学习从基本运算法则运用延拓到灵活创新解决问题的层面，培养学生整体意识、数学抽象、逻辑推理等核心素养，实现数学学科课程的素养目标．

五、特级教师的点评

本节课采用支架式教学法上复习课，是一个有益的尝试，这种尝试有效地厘清了学生的现有水平及潜在发展区，其目标感、线索感明显比传统教学法要强．教师从最简单的情境出发，用八个式子及其不断的变形，形成了从认识分式到化简分式再到分式的综合运算的主线，以避繁就简的方式在潜在发展区做文章，对于知识基础较差的农村学生而言，意义甚大．通过设置丰富而新颖的活动支架，有效地激发学生非智力因素，提升学生内化内省的意志力和学习力．一连串沿主线设置的变形问题及追问，使得课堂的学习支架不断地向概念模型、分式的运算能力发展及数学整体思想形成三个维度延展，有效地固化、扩展了"最近发展区"．但正如授课教师所说，教学原本就是一门艺术，从追求完美的角度来讲，从问题5过渡到拓展题，支架显得不足；从题型来讲，从问题3到问题5讲的是分式的整体运算，而拓展题讲的是用整体思维求另一个代数式值的问题，有方程的思想在里面，但是另一个层面的问题，跨度大．从解法来讲，由问题5及后面所追问的问题8，只提醒学生要把一个代数式化到最简再求值会更简单. 如果改造问题 5 或者增加一个新问题，如求一个多项式与分式的和与另一个分式的乘除运算就好多了，因为求解这个新问题的办法通常要把这个多项式看成一个整体，就样会更简单，如此的支架对学生的感悟力的暗示作用会更明显.

运用反比例函数，领悟数学建模思想

为进一步加强学科教研组建设，提升教研品质，打造教研组品牌，提高教师教学能力和水平，本区怡福中学迎接市教研室组织"江门市初中数学先进教研组考评活动"，学校的郑老师执教新人教版九年级下册第二十六章《反比例函数的应用中与 k 有关的面积问题》，精彩课堂得到了考评组专家的一致认可，现与各位同行分享学习．

数学课程标准对模型思想的说明是：模型思想的建立是学生体会和理解数学与外部世界联系的基本途径．建立和求解模型的过程包括：从现实生活或具体情境中抽象出数学问题，用数学符号建立方程、不等式、函数等表示数学问题中数量关系和变化规律，求出结果并讨论结果的意义．这些内容的学习有助于学生初步形成模型思想，有利于提高学生学习数学的兴趣和应用意识．

一、教学过程及教学解读

1. 复习引入

表1

解析式		
图像	k _____ 0	k _____ 0
示意图		

续 表

性质	图像在第＿＿＿＿、＿＿＿＿象限，在＿＿＿＿，函数 y 的值随 x 的增大而＿＿＿＿	图像在第＿＿＿＿、＿＿＿＿象限，在＿＿＿＿，函数 y 的值随 x 的增大而＿＿＿＿
k 的几何意义	如图所示，过双曲线 $y = \dfrac{k}{x}$ 上任一点 $P\,(x,\ y)$ 作 x 轴、y 轴的垂线 PM、PN，垂足为 M、N，所得矩形 $PMON$ 的面积 $S =$ ＿＿＿＿，所得三角形 OPM 的面积 $S =$ ＿＿＿＿．	

本环节设计能够结合学情，遵循知识的形成规律，依照学生的学习习惯和认知基础，通过复习旧知导入新知，初步引入数学建模思想，提高数学应用能力，增强学生学好数学的信心．

2. 建立模型，梳理知识

模型一：反比例函数图像与矩形面积

例1：如图1，点 $P\,(m,\ n)$ 是反比例函数 $y = \dfrac{k}{x}$（$k \neq 0$）图像上一点，$PA \perp x$ 轴，$PB \perp y$ 轴，则 $S_{\text{矩形}OAPB} =$ ＿＿＿＿＿＿＿＿．

变式1：如图2，已知点 P 是反比例函数 $y = \dfrac{k}{x}$ 图像上一点，$PM \perp x$ 轴，$PN \perp y$ 轴，若 $S_{\text{矩形}APMN}$ 的面积为4，则 k 的取值．

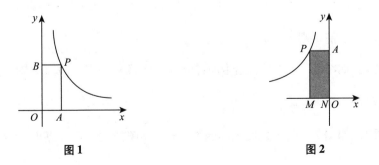

图1　　　　　　　　　　图2

如图3，点 P 在反比例函数 $y = -\dfrac{4}{x}$ 上，$PA \perp y$ 轴，M、N 为 x 轴上两动点，

则 $S_{平行四边形APMN}$ 的面积．

变式2：如图4，已知点 A、点 B 为反比例函数 $y = -\dfrac{4}{x}$ 图像上两点，分别过 A，B 向 x 轴、y 轴作垂线，若阴影面积为1，则 $S_{矩形ACGE} + S_{矩形BFDG} = $ _____．

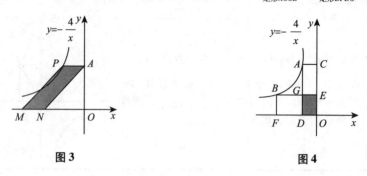

图3　　　　　　　　　　　图4

本环节设计了求反比例函数图像与矩形面积的基本模型，过双曲线上任意一点，作两条坐标轴的垂线，所得矩形面积为 $|k|$。课堂上小组讨论：① $S_{矩形APMN}$ 与 $|k|$ 有怎样的关系？②图2由图1经过怎样的运动变化？反比例函数中把一般的平行四边形，转化成矩形的模型，利用 Flash 动态演示构造出矩形，根据反比例函数图像中平行四边形与矩形面积两者之间等底等高面积相等，所以平行四边形的面积等于矩形面积为 $|k|$，把一般图形转化为特殊图形解决问题是数学学习的常用方法。从矩形到平行四边形再到四边形叠加，进一步要求学生对解题能力的理解与提高．

3. 巧用模型，一题多变

模型二：反比例函数图像与直角三角形面积的模型

例2：如图5，点 P (m, n) 是反比例函数 $y = \dfrac{k}{x}$ $(k \neq 0)$ 图像上一点，$PA \perp x$ 轴，$PB \perp y$ 轴，则 $S_{\triangle OAP} = $ _____．

变式1：如图6，点 P 为反比例函数 $y = \dfrac{6}{x}$ 图像上一点，$PD \perp x$ 轴，点 B 为 y 轴上的动点，则 $S_{\triangle PBD} = $ _____．

变式2：如图7，点 A 为反比例函数 $y = -\dfrac{4}{x}$ 图像上一点，点 B 为反比例函数 $y = \dfrac{2}{x}$ 图像上一点，$AB /\!/ x$ 轴，点 P 为 x 轴上任意一点，则 $S_{\triangle PAB} = $ _____．

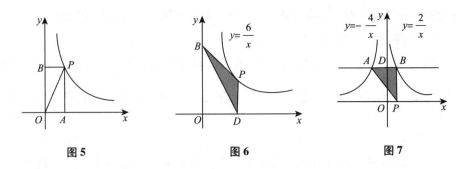

图5　　　　　　　　图6　　　　　　　　图7

本环节设计了求反比例函数图像与直角三角形面积的基本模型，过双曲线上任意一点，作一条坐标轴的垂线，所得直角三角形面积为 $\frac{1}{2}|k|$. 反比例函数图像中把一般三角形转化成直角三角形的模型，再进一步求三角形叠加面积的情况，同样通过数学建模的过程，利用微课、Flash 等动态演示力图向学生展示函数图像的运动变化过程，通过观察、归纳体会数形结合的思想，由一般到特殊的思想，转化的数学思想. 从反比例函数图像中求四边形面积的学习自然过渡到三角形面积的学习，同时也渗透了类比的数学思想.

4. 应用模型，突破难点

例3： 如图8，已知双曲线 $y = \frac{6}{x}$ 经过矩形 $OABC$ 边 AB 的中点 F，交 BC 于点 E，则矩形 $OABC$ 的面积为 _____ .

变式： 如图9，已知双曲线 $y = \frac{k}{x}$ $(x > 0)$ 经过矩形 $OABC$ 边 AB 的中点 F，交 BC 于点 E，若四边形 $OEBF$ 的面积为4，则 $k =$ _____ .

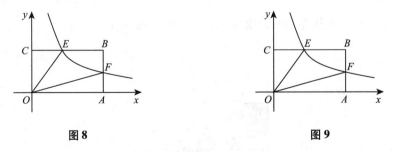

图8　　　　　　　　　　　　　图9

本环节的设计，关键是突破添加辅助线这一难点，从矩形的面积转化为三角形的面积，如何构造三角形就成为解决本题的关键. 利用函数图像的模型，启发并引导学生完成计算. 数学建模的突出特点是应用性，源于问题的实际，探索过程设置了丰富的思考、试探、操作的实验，而探索结果又被运用于实践.

5. 拓展模型，方法渗透

（1）以正方形 $ABCD$ 两条对角线的交点 O 为坐标原点，建立如图 10 所示的平面直角坐标系，双曲线 $y = \dfrac{3}{x}$ 经过点 D，则正方形 $ABCD$ 的面积是_____.

（2）如图 11，点 A 在双曲线 $y = \dfrac{5}{x}$ 上，点 B 在双曲线 $y = \dfrac{7}{x}$ 上，且 $AB /\!/ x$ 轴，C，D 在 x 轴上，若四边形 $ABCD$ 为平行四边形，则它的面积为_____.

（3）如图 12，A、B 是函数 $y = \dfrac{1}{x}$ 的图像上关于原点 O 对称的任意两点。AC 平行于 y 轴，BC 平行于 x 轴，则 $\triangle ABC$ 的面积为_____.

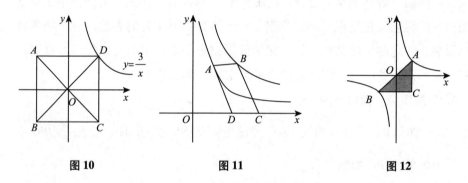

图 10　　　　　　　图 11　　　　　　　图 12

（4）在反比例函数 $y = \dfrac{2}{x}$（$x > 0$）的图像上，有点 P_1，P_2，P_3，P_4，它们的横坐标依次为 1，2，3，4. 分别过这些点作 x 轴与 y 轴的垂线，图中所构成的阴影部分的面积从左到右依次为 S_1，S_2，S_3，则 $S_1 + S_2 + S_3 =$_____.

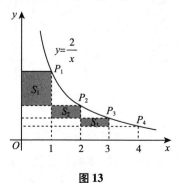

图 13

（5）如图14，在平面直角坐标系中，过点 M（0，2）的直线与 x 轴平行，且直线分别与反比例函数 $y = \dfrac{6}{x}$（$x > 0$）和 $y = \dfrac{k}{x}$（$x < 0$）的图像交于点 P（$x > 0$）、点 Q（$x > 0$）．

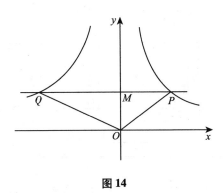

图14

（1）求点 P 的坐标；

（2）若 $\triangle POQ$ 的面积为 8，求 k 的值．

数学建模是运用数学思想方法和知识解决实际问题的过程，它已成为不同层次数学教育的重要且基本的教学内容．本环节的设计旨在培养学生观察力、理解力和抽象能力，强化学生数学建模的应用意识，加深对数学问题本质性的理解与认识，增强对数学研究的能力，培养学生灵活运用数学知识与方法，提高分析问题和解决问题的能力，增强对数学的感受和情感体验．

6. 小结提升

表2

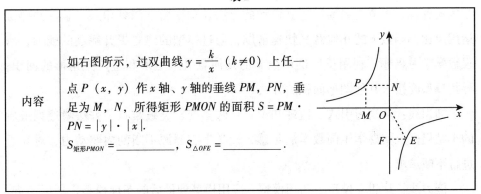

内容	如右图所示，过双曲线 $y = \dfrac{k}{x}$（$k \neq 0$）上任一点 P（x，y）作 x 轴、y 轴的垂线 PM，PN，垂足为 M，N，所得矩形 $PMON$ 的面积 $S = PM \cdot PN = \vert y \vert \cdot \vert x \vert$. $S_{矩形PMON} = \underline{\qquad}$，$S_{\triangle OFE} = \underline{\qquad}$.

内容	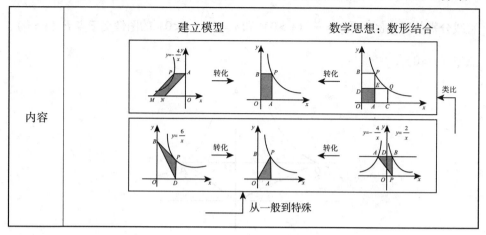

建立模型　　　　　　　数学思想：数形结合

从一般到特殊

二、一点思考

模型思想是体现数学应用价值的典型思想，从数学教育的角度来看，建立模型思想本质上是帮助学生体会数学与外部世界的联系．而培养学生模型思想的基本活动就是建立模型．按照数学课程标准，模型思想的应用包括三大步骤：从现实到数学模型——从现实生活或具体情境中抽象出数学问题，寻找相关的数学关系，建立数学模型；处理数学模型——求解模型的数学结果；得到原问题的结果——讨论结果的意义，检验结果的适切性．

反比例函数的应用中与 k 有关的面积问题，难度不大，应用广泛，但常被学生所忽视，本节主要通过建立模型的方法让学生留下深刻印象．掌握并熟练运用反比例函数 k 的几何意义快速解题；通过模型的建立提升解题的能力，增强数学学习兴趣．利用反比例函数 k 的几何意义求矩形和直角三角形的面积；寻找模型间接求其他图形面积的方法．

知识线：从复习引入、梳理知识、一题多变、突破难点、方法渗透到最后的小结提升，实现学生的数学满足感，让学生有源源不断的内驱动力，对知识进行不断追求．

能力线：从建立模型、巧用模型、应用模型到最后的拓展模型，层层递进，让学生的数学思维能力得到真正的提高．

反比例函数的应用中与 k 有关的面积问题，解题技巧：一个性质→反比例函数的面积不变性；两种方法→几何变换法、割补图形法.

发展学生的模型思想需要让他们经历真正的解决问题过程，而不仅仅是套用现成的公式、方法或仿照例题解决类似的问题. 在实际建立模型过程中，教师应尽可能选择真实的问题，鼓励学生借助各种工具、资源，加入小组合作形式，形成完整解决问题的过程.

三、一点建议

作为一名数学教师，不仅仅要传授给学生数学知识，更重要的是传授给学生数学思想、数学方法. 数学建模问题应表现出建模的全过程，而不仅仅是解决问题；数学建模选用的问题最好有较为宽泛的数学背景，有不同层次，以便于不同水平学生参与，并注意问题的开放性和可扩展性；应鼓励学生在问题分析解决的过程中使用现代信息技术；提倡教师自己动手，因地制宜地收集、编制、改选数学题或已有的数学建模问题，以便更适合于学生使用，并根据学生的实际情况采取适当的教学策略.

数学思想方法视角下的初中复习课例分析

"作为知识的数学出校门不到两年可能就忘了，唯有深深铭记在头脑中的数学的精神、数学的思想、研究的方法和着眼点等，这些随时随地发生作用，使他们终身受益."从日本数学家米山国藏的经典语录中可见，数学思想方法教学在数学教学中的重要性.从学术的角度讲，数学思想，是指现实世界的空间关系反映到人们的意识中，经过思维活动而产生的结果.可以通俗地理解为：当学过的数学知识都忘掉了，数学化的训练之后能影响人们思维和行为的就是数学思想吧.章建跃博士强调理解数学，其实本质上，只有理解数学的核心思想方法，才能回到数学的本质和精髓.

2018 年 1 月，江门市怡福中学郑老师有幸代表本区参加"广东省初三数学复习课信息技术创新教学研讨会"的公开示范课，接到任务后，我们经过前后三周时间深入的集体备课、磨课、研课、共同探讨，最终打造了创新的数学复习课堂.与新授课相比，复习课的教学设计对于一线教师的挑战性更大.基于初中数学思想方法视角下，笔者浅谈对这节复习课的分析.

一、借助数形结合，有意识显化数学思想方法

"数形结合"一词正式出现是在华罗庚先生于 1964 年 1 月撰写的《谈谈与蜂房结构有关的数学问题》的科普小册子中，书中有一首小诗："数与形，本是相倚依，焉能分作两边飞.数无形时少直觉，形少数时难入微.数形结合百般好，隔离分家万事非.切莫忘，几何代数统一体，永远联系，切莫分离!"体会华先生的小诗，我们去理解几何与代数——"洞察"与"严格"间的和谐相处.

郑老师在反比例函数复习课的教学中，指出"数"表示的是一种精确化研究，"形"则反映出对函数的一种直观认识和整体把握。研究函数的性质，有

数无形难以直观把握函数整体，有形无数不能精确运算。在具体的实践操作时，对数形结合的解读体现为郑老师教学时，通过观察、验证，直线 AB：$y = k_1 x + b$ 与反比例函数 $y = \dfrac{k}{x}$ 的图像的另一个交点 C 的坐标；通过观察图像，在第一象限内，直接写出当 $k_1 x + b > \dfrac{k}{x}$ 时，x 的取值范围。用"形"来解决"数"的问题，提出的"读图像中的关键东西，如交点"其实就是在形中找数，把研究精确化；强调"自变量的取值范围"则是带着数从形的角度直观寻找，整体把握函数性质．

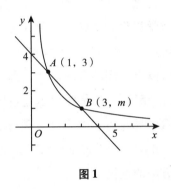

图1

二、以问题设计为载体，进行情景数学思想方法设计

复习课例题的选择重在"精"而不在"多"，要重视例题的质量，选题要具有代表性、典型性、综合性等。要着眼中考，进行科学设计，做到"以题引方法，以题体思想，以题拓思维，以题练能力"，真正提高复习效率。在这节复习课中摒弃传统复习课题量多的做法，以反比例函数 $y = \dfrac{k}{x}$（k 为常数，$k \neq 0$）经过点 A（1，3）为基础，引申了 7 个小题：①求反比例函数的解析式；②画出函数的图像；③问图像的性质；④比较函数的大小；⑤与一次函数相结合求交点坐标；⑥自变量的取值范围；⑦与坐标轴围成三角形的面积，以"问题串"的形式贯穿课堂始终，加深学生对函数性质的理解及应用．

开放性的问题设置，使学生可以从数的角度、形的角度去求解，通过实际问题情境，学生可能采用图像法、性质法、特殊值法，可在此过程中感受到不同方法思考角度虽然不同，但是得到的答案是一致的，认识到不同的方法是相通的，进一步加强函数与方程的联系．而通过图像在网格中呈现到没有网格的设计，让学生在多种方法解决问题的思考和比较中体会图像法与代数法各自的特点，并作出优化选择，再次理解知识之间有着广泛的联系．让学生反思感悟用作图像的方法可以直观地获得问题的结果，但有时却很难得到准确结果，为了获得准确的结果，我们一般用代数方法．

通过合理的问题设计和教师的及时追问，将师生间、生生间的对话引向深入，每一道数学题都有一定的数学内容，它们都是一定的数学思想方法的具体形式，寻求已知与未知之间的联系——解题，表面上是具体数学形式的连续转化、逻辑沟通（表现为演算或推理），但在过程探索、方法选择和思路发现的背后，在进行每一步简化、转化、分解与化归之前，都有数学思维方向的调控，实质上是对题目所蕴含的数学思想方法的不断显化与横向沟通．由于同一数学形式可以用不同的数学思想方法来解释，因而产生不同原理的"一题多解"；同样，同一数学思想方法可以有不同的表现形式，因而产生不同题目的"一解多题"．用数学思想方法指导解题，就是要揭示题目内容与求解方法中所蕴含的数学思想方法，自觉从数学思想方法的高度去理解题意、去寻找思路、去分析解题过程、去扩大解题成果，使得解题的过程既是运用数学思想方法的过程，又是领悟和提炼数学思想方法的过程．

三、巧用微课视频，进行难点的数学思想方法突破

传统数学教学课堂中，教学难点往往是课堂教学花时间最多的环节，经常是教师使尽浑身解数，但还是有不少学生没有领悟．出现这种现象可能是由于学生的基础不同，接受能力不同或是学生注意力不集中、注意力转移造成的．这让教师进退两难，不突破这一难点而继续教学，对不起那些有强烈求知欲望的学生，而耗时来突破难点又会使得教学重点不突出（当重难点一致时还好，当这两者不一致时更甚），甚至影响整节课的顺利进行．应用微课资源，能解决教师在课堂上表达较困难的知识点使学生难以透彻理解的问题，微课可以进行反复播放，学生可以不受时空限制地自主学习，通过微课资源，不仅可以突破难点，还可以培养学生的自主学习能力．

比如，如图 2，在反比例函数 $y = \dfrac{k}{x}$（$k \neq 0$）的图像上任取一点 P，从几何意义上看，过点 P 作 x 轴，y 轴的垂线 PA、PB，所得矩形 $PBOA$ 的面积 $S =$ _____；连接 PO，$\mathrm{Rt}\triangle POA$ 的面积 $S =$ _____．

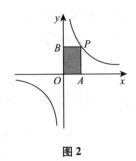

图 2

若点 (x_1, p_1)，(x_2, p_2) $(0 < x_1 < x_2)$ 在反比例函数 $y = \dfrac{3}{x}$ 的图像上，则 p_1，p_2 的大小关系是_____．

利用两个图在微课中说明，如图 3，点 P (m, n) 是反比例函数 $y = \dfrac{k}{x}(k \neq 0)$ 图像上任意一点，过点 P 分别作 x，y 轴的垂线，垂足为 A，B，则 $S_{矩形OAPB} = OA \cdot AP = |m| \cdot |n| = |k|$，$S_{\triangle OAP} = \dfrac{1}{2} \cdot OA \cdot AP = \dfrac{1}{2}|m| \cdot |n| = \dfrac{1}{2}|k|$．

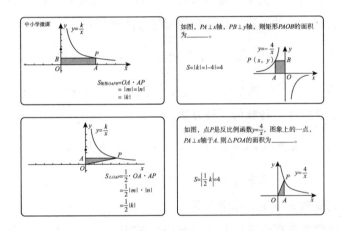

图 3

由于微课讲解清晰，同时有动态的变化，不但能让学生在较短的时间内充分理解，还有助于节约课堂时间，让学生感受"数形结合"的数学思想，把抽象的数学语言、数量关系与直观的几何图形、位置关系联系起来，通过"以形助数"或"以数解形"实现抽象思维与形象思维相结合，使复杂的问题简单化、抽象的问题具体化，从而优化解题途径．微课作为一种现代化的教学形式，将教学内容制作成精简的小视频，帮助学生从教辅书中解脱出来，成为对传统教学方式变革的新尝试．微课教学颠覆了传统的教学结构，今天微课的出现，使"翻转式教学课堂"成为了可能，适合学生个性化学习，也有利于教师专业成长．

四、提取方法技巧，进行解题数学思想与方法的指导

数学思想与方法是数学的精髓，是联系数学中各类知识的纽带．复习课的教学其实就是引导学生以数学思想与方法为纽带，从不同角度思考问题，进而掌握知识、提升能力的过程．

专题复习课教学，教学"度"的把握很重要．"度"的把握主要由课程标准、学情以及教师对知识的理解与运用的情况决定．一方面，教师要加强对试题的研究，探寻试题考查的意图与解题方法及试题的命题趋势，同时选择具有代表性的问题作为复习课的素材．这样可减少教学的盲从，提高了复习课的针对性．另一方面，复习时，学生的"悟"也很重要．比如：郑老师多次让学生进行自主学习，同时在课堂上重点关注学生探索的过程和方法，学生容易接受和想到的方法就是好的方法．总结归纳三种方法技巧：

方法技巧1：反比例函数 k 值的几何意义：$S_{矩形PAOB} = |k|$；$S_{Rt\triangle POA} = \dfrac{1}{2}|k|$.

方法技巧2：当反比例系数为常数，自变量为未知数，函数值人小比较可采用图像法、性质法、特殊值三种方法．

方法技巧3：求直线 $y = k_1 x + b$（$k_1 \neq 0$）和双曲线 $y = \dfrac{k}{x}$（$k \neq 0$）的交点坐标就是解方程。另外要给学生独立思考的时间和空间，只有思考过的问题才会更加深刻，更能激发学生的思维火花．

最后要让学生在探索的过程中暴露思维过程，适时地引导学生对解决问题的策略和方法进行总结优化，复习课中方法的总结与提炼是十分必要的，可以采用师生协助总结方法，也可以由教师提炼归纳方法．这样才能在以后的学习与考试中做到心中有法、有的放矢．

一节好课应该以学生实际的认知水平为出发点，展现出学生对知识真实的探究过程，由一题带一类，由变式带拓展，郑老师从反比例函数的图像与性质这一个主线切入，层层深入，在试题变式中揭示了数形结合思想、函数与方程的思想，数学建模的思想，让学生在解决问题时不仅习得解题的方法，同时也

提升了学生的阅读理解、逻辑推理、函数与方程、数学建模等数学核心素养．通过学生对表格分析、作图研究，再到最后的开放性问题等，全面感受数形结合、数学建模的优越性，这类问题也引发学生的课后思考，能生长出思维的花朵，只要把课堂变成学生探索世界的窗口，只要能让每个学生都有所发展，这样的复习课就是务实高效的，也是一线教师的教学追求．

感悟"平行四边形的判定"，提高教学设计能力

　　江门市举办"2016 年初中数学青年教师优秀课评比"，怡福中学郑老师代表本区参加比赛并获得市一等奖的好成绩．本次评比为全市的初中数学教师搭建了一个彼此交流学习的好平台，通过同台竞技，开展磨课、研课、赛课比舞的活动，让更多的教师得到成长、提高和收获．本次评比的课题：（人教版）数学八年级下册 18.1.2《平行四边形的判定》第一课时．

　　"平行四边形的判定"是初中数学几何部分一节十分重要的内容．主要体现在知识技能和思想方法两个方面．从知识技能上讲，它既是对前面所学的全等三角形和平行四边形性质的一个回顾和延伸，又是以后学习特殊平行四边形的基础，同时它还进一步培养学生简单的推理能力和图形迁移能力；从思想方法上讲，通过平行四边形和三角形之间的相互转化，渗透了化归思想．本节课不论从知识技能还是思想方法上，都是一节十分难得的素材，它对培养学生的探索精神、动手能力、应用意识和抽象建模能力都有很好的作用．

一、教学设计的过程

1. 忆：引发思考，提出问题

（1）教学设计

第一步"忆"——忆平行四边形的定义和性质．

教师：通过前面的学习，我们对平行四边形已有所了解，请同学们回忆它的定义和性质．

学生：定义为两组对边分别平行的四边形是平行四边形．

性质：两组对边分别平行，组对边分别相等，两组对角分别相等，对角线互相平分．

第二步"说"——说平行四边形性质的逆命题.

教师：接下来，请同学们分别说出平行四边形性质的逆命题.

学生：①两组对边分别平行的四边形是平行四边形

②两组对边分别相等的四边形是平行四边形

③两组对角分别相等的四边形是平形四边形

④对角线互相平分的四边形是平行四边形

第三步"猜"——原命题成立，逆命题是否也成立.

教师：同学们，原命题成立，逆命题是否也成立？

学生：那可不一定. 要证明.

第四步"证明"——证明逆命题成立.

教师：很好，提出得到的猜想是否成立，必须通过逻辑推理证明才能确定.

（2）设计分析

教师引导，学生归纳概括，通过复习提问可以为本节课的顺利进行做好铺垫，也比较自然地引出了本节课题以及研究的中心议题. 培养学生的正向思维和逆向思维，为平行四边形判定方法的进一步探索做好铺垫.

2. 猜：提出问题，猜想命题

（1）教学设计

探究猜想一：两组对边分别相等的四边形是平行四边形. 结合图形，学生将猜想 1 的已知求证写出来.

已知：如图 1，在四边形 $ABCD$ 中，$AD = BC$，$AB = CD$.

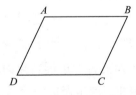

图 1

求证：四边形 $ABCD$ 是平行四边形.

教师引导学生思考证明过程，并进行点评.

证明：连接 AC（图 2）

在 $\triangle ABC$ 和 $\triangle CDA$ 中

$\because AB = CD$，$AD = BC$，$AC = AC$

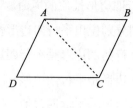

图2

∴ △ABC≌△CDA（SSS）

∴ ∠DAC = ∠BCA，∠DCA = ∠BAC

∴ AD∥BC，AB∥CD

∴ 四边形ABCD是平行四边形

教师：通过证明，得知猜想1为真命题，刚才一共得出几种判定的方法？

学生：两种，分别是：

① 两组对边分别平行的四边形是平行四边形.

② 两组对边分别相等的四边形是平行四边形.

教师：我们知道，两组对边分别平行或相等的四边形是平行四边形，如果只考虑四边形的一组对边，它们满足什么条件时这个四边形能成为平行四边形呢？

学生猜想1：一组对边平行，另一组相等的四边形是平行四边形.（这种情况可能是等腰梯形，所以不存在）

学生猜想2：一组对边平行且相等的四边形是平行四边形.

（2）设计分析

教师引导学生思考证明的思路：四边形ABCD是平行四边形——两组对边分别——AD∥BC且AB∥CD——角相等——连接AC——△ABC≌△CDA.

考虑到学生认知上的困难，重点设计了"观察—猜想—验证—说理—抽象"这一过程，引导学生思考如何将四边形转化为三角形进行验证，为接下来小组合作证明埋下伏笔，利用前面两组对边的关系，提出一组对边的关系猜想，可以让学生接下来分组完成本节课剩下的平行四边形的判定.

3. 证：猜想验证，得出定理

（1）教学设计

教师引导学生画出图形，并写出已知、求证. 利用三角形全等证明线段相等或角相等，从而达到对边相等或对边平行. 教师及时强调化四边形为三角形的思想. 接下来学生结合图形，由已知求证，写出并讲解其证明过程.（命题

2、3、4 分组完成）

学生进行小组合作，分组展示汇报．

归纳小结：现在你有多少种判定平行四边形的方法了？

通过推理论证的命题可以成为定理．我们把上述三个结论称为平行四边形的判定定理，加上平行四边形的定义，我们一共有 5 种判定平行四边形的方法：

① 两组对边分别平行的四边形叫作平行四边形

几何语言表示：

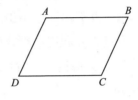

图 3

∵ $AB//CD$ 且 $AD//BC$

∴ 四边形 $ABCD$ 是平行四边形

② 两组对边分别相等的四边形是平行四边形

几何语言表示：

∵ $AB = CD$ 且 $AD = BC$

∴ 四边形 $ABCD$ 是平行四边形

③ 一组对边平行且相等的四边形是平行四边形

几何语言表示：

∵ $AB//CD$ 且 $AB = CD$

∴ 四边形 $ABCD$ 是平行四边形

④ 两组对角分别相等的四边形是平行四边形

几何语言表示：

∵ $\angle A = \angle C$ 且 $\angle B = \angle D$

∴ 四边形 $ABCD$ 是平行四边形

⑤ 对角线互相平分的四边形是平行四边形（如图 4）

几何语言表示：

∵ $OA = OC$ 且 $OB = OD$

∴ 四边形 $ABCD$ 是平行四边形

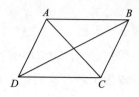

图4

（2）设计分析

学生小组合作交流，讨论证明过程，教师巡视指导小组合作，并把学生完成的小组情况及时互动教学展示，并派出三个小组的学生代表展示小组合作的成果．注重学生动手实验，探索过程并利用小组合作的方式，培养学生合作意识；使学生在感性认识的基础上初步向理性认识过渡．

4. 用：运用新知，巩固提升

（1）教学设计

例：在 $\square ABCD$ 中，点 E，F 分别为 OA，OC 的两点，四边形 $BEDF$ 为平行四边形吗？请说明理由．

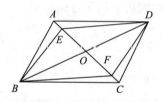

图5

这是教材上的一道例题，此例题既用到性质又用到判别，所以有一定综合性，但学生略加思考，是可以作答的．

此时教师分三步走：

第一步：让学生用刚学过的平行四边形判定方法证明

教师：你能想到多少种方法呢？（达到一题多解的效果）

学生：1种，2种，3种……（有不同的回答）

证明1：

连接对角线 BD，交 AC 于点 O

∵ 四边形 $ABCD$ 是平行四边形

∴ $AO = CO$，$BO = DO$

∵ $AE = CF$

∴ $AO - AE = CO - CF$

∴ $EO = FO$

又 $BO = DO$

∴ 四边形 $BFDE$ 是平行四边形

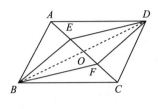

图6

证明2：

∵ 四边形 $ABCD$ 是平行四边形

∴ $AD // BC$ 且 $AD = BC$

∴ $\angle EAD = \angle FCB$

在△AED 和△CFB 中

∵ $AE = CF$，$\angle EAD = \angle FCB$，$AD = BC$

∴ △$AED \cong$△CFB（SAS）

∴ $DE = BF$

同理可证：$BE = DF$

四边形 $BFDE$ 是平行四边形

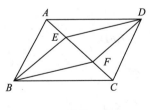

图7

证明3：

∵ 四边形 $ABCD$ 是平行四边形

∴ $AD // BC$ 且 $AD = BC$

∴ $\angle EAD = \angle FCB$

在△AED 和△CFB 中

∵ $AE = CF$，∠$EAD = ∠FCB$，$AD = BC$

∴ △$AED \cong △CFB$（SAS）

∴ $DE = BF$，∠$AED = ∠CFB$

∵ $180° - ∠AED = 180° - ∠CFB$

∴ ∠$DEF = ∠BFE$

∴ $DE // BF$

四边形 $BFDE$ 是平行四边形.

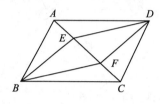

图8

证明4：

∵ 四边形 $ABCD$ 是平行四边形

∴ $AD // BC$ 且 $AD = BC$

∴ ∠$EAD = ∠FCB$

在△AED 和△CFB 中

∵ $AE = CF$，∠$EAD = ∠FCB$，$AD = BC$

∴ △$AED \cong △CFB$（SAS）

∴ ∠$AED = ∠CFB$

∵ $180° - ∠AED = 180° - ∠CFB$

∴ ∠$DEF = ∠BFE$

∴ $DE // BF$

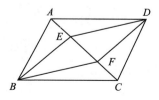

图9

同理可证：$BE \parallel DF$

∴ 四边形 $BFDE$ 是平行四边形.

教师追问：哪种解法是最佳解法？

学生：第一种方法比较简便.（课堂上大部分学生的反应）

第二步：多种变式，激活思维.

从条件角度对例题进行变式，再从结论角度进行两次变式.

变式 1：已知，如图 10，四边形 $ABCD$ 的对角线 AC，BD 交于点 O，若 E，F 移至 OA，OC 的延长上，且 $AE = CF$，结论有改变吗？为什么？

变式 2：已知，如图 11，四边形 $ABCD$ 的对角线 AC，BD 交于点 O，E，F 分别是 AC 上两点，且 $BE \perp AC$ 于 E，$DF \perp AC$ 于 F. 结论有改变吗？为什么？

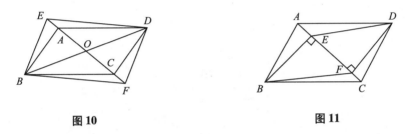

图 10　　　　　　　　　　　　　　　图 11

（2）设计分析

教师启发引导、探索归纳，鼓励学生从不同角度去思考问题，学生小组合作，思考不一样的方法，并展示自己不同的解题过程. 教材的例题：

① 让学生通过已有的生活经验和数学知识，把探索出的平行四边形的判别条件逐步应用到问题的解决中去，把知识形成过程，变为知识的发生、发展的创造过程，实现要领理解和结论掌握的感性到理性的自然深化；

② 让学生不断探索多种方法，从而总结出要分析条件的特点，选择合适的判定定理，可以帮助我们获得解决问题的方法.

5. 争：抢分竞赛，巩固新知

（1）教学设计

（2 分题）在下列条件中，不能判定四边形是平行四边形的是（　　　　）

A. 两组对边分别平行

B. 两组对边分别相等

C. 对角线互相平分

D. 一组对边平行，另一组对边相等

（4 分题）如图 12，若 $AB /\!/ CD$，补充条件，使四边形 $ABCD$ 为平行四边形.

（6 分题）如图 13，在平行四边形 $ABCD$ 中，E，F 分别是 AB，CD 的中点.

求证：四边形 $EBFD$ 是平行四边形.

图 12　　　　　　　　　　图 13

（8 分题）（2012 年广东中考. 第 15 题）已知：如图 14，在四边形 $ABCD$ 中，$AB /\!/ CD$，对角线 AC、BD 相交于点 O，$BO = DO$. 求证：四边形 $ABCD$ 是平行四边形.

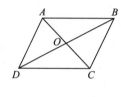

图 14

（2）设计分析

设计"反败为胜"教学环节，让学生从中挑选 2 分、4 分、6 分、8 分题，小组之间进行 PK，展开抢分竞争，你争我抢，让学生在感受到课堂快乐的同时能运用知识点加以巩固. 也将本节课的课堂气氛推向高潮.

6. 结：课堂小结，提升方法

（1）教学设计

四边形 $\xrightarrow{\text{转化思想}}$ 三角形

平行四边形判定 $\xleftarrow[\text{互逆}]{\text{类比思想}}$ 平行四边形性质

　　一题多解　　　　　　　　一题多变

（2）设计分析

教师提问，引导小组归纳总结知识点，学生思考总结. 梳理本节课的重要方法和知识点，加深对本节课内容的理解.

二、教学设计的感悟

1. 实现"三大转向"，提高教学设计能力

以教师的教为本位的教学观转向以学生的学为本位的教学观；以书本知识为本位的价值观转向以学生发展为本位的价值观；以静态教案为本位的备课观转向以动态方案为本位的设计观.

郑老师在执教本节课时，通过"忆"引发思考、提出问题，让学生回忆平行四边形的定义和性质."猜"，提出问题，猜想命题，从前面的定义和性质提出逆命题，进而猜想逆命题是否成立."证"，猜想验证，得出定理，师生合作，证明第一个命题，再次引导猜想，小组合作证明剩下的命题.让学生独立完成判定定理的证明，培养学生对问题的归纳能力和合作学习能力."用"运用新知，巩固提升.学生运用知识点于例题学习，引导学生一题多解，让学生归纳从题目中分析条件的特点，选择适当的判定证明.将例题进行变式练习，让学生在知识巩固的基础上，懂得一题多变的思想."争"，抢分竞赛，巩固新知，让学生在感受到课堂快乐的同时能运用知识点加以巩固."结"，课堂小结，提升方法，梳理本节课的重要方法和知识点，强化数学思想，形成知识组块.

2. 根据学情"弹性设计"

教学设计必须充分考虑到师生双向合作过程中的创新，充分根据学情来灵活应变，充分关注学生个体差异和不同学习需求的"弹性设计".

本节课中，学生对数学学习有较强的好奇心和求知欲，能积极参与数学学习活动，他们能利用类比思想进行证明，也能较清楚地表达解决问题的过程及所获得的解题经验，他们愿意对数学问题进行讨论，并敢于对不懂的地方和不同的观点提出自己的疑问.通过培养学生探索证明，能让学生敢于面对困难，鼓励学生大胆尝试，从中获得成功的体验.

学生自主学习的空间扩大，学生自主性、个性化学习情况是难以预先设想的，教师能够根据自身的教学经验预测不同学生的学习状况，继而设计针对不同学生的多项指导措施，课堂上能根据学生的学习状况进行到位而恰当的点拨、引导、评价.

3. 提高教学设计能力，追求最优化

让学生经历平行四边形判定定理的猜想和证明过程，体会类比思想及探究

图形判定的一般思路，培养用类比、逆向联想及运动的思维方法来研究问题．掌握平行四边形的判定，会进行简单的运用判定进行逻辑推理．在操作活动和观察、分析过程中培养学生主动探索、质疑和独立思考的习惯．

教学过程的全程优化，与课堂教学实践紧密相连，有助于提升教学质量，积极推进课程改革，改变教师的教学生活，促进教师在研究的状态下工作，实现教师的专业发展．教师根据教学内容拓展教学资源，对教材进行二次开发，根据教学资源的可利用性进行媒体设计．课堂以学生为中心真实有效地开展活动，教师设计具有思考与启发价值的问题，促进学生全面发展，调动学生学习的积极性，把握合作学习的策略．将学习任务与教学情境有机融合，从而促进学生主动学习，依据本课的特点，教师进行多种教学情境的整合，追求教学设计最优化．

重视数学思想方法，架起"数"
与"形"的立体桥梁

近期，笔者观摩了厦门市第六中学初中部，叶媛媛老师执教的《数学思想方法之数形结合》课堂教学视频，并认真研读了执教者课例设计文本，特别是"以数助形，以形解数"的数学思想方法给笔者留下深刻的印象，受益匪浅，现结合具体课例内容品评，交流学习．

一、重视数学思想方法，获得美学享受

中学数学思想方法是中学数学教学的重要内容之一，新课程标准在课程总目标中明确指出："通过义务教育阶段的数学学习、学生能够获得适应未来社会生活和进一步发展所需的重要数学知识（数学活动经验）以及基本的数学思想方法和必要时的应用技能．"

数学教学分低级和高级两种，低级水平是介绍数学概念，陈述数学定理、公式，指出解题的程式和套路；高级水平是着眼于数学知识背后的数学思想方法，在解决数学问题的过程中进行深层次的数学思考，经过思维训练，获得数学美学享受．

二、架起"数"与"形"的立体桥梁

数形结合的思想方法就是把"数"与"形"结合起来对数学问题进行分析、研究，从而解决问题的方法．用代数的方法研究几何图形的问题，架起"数"与"形"的立体桥梁，加强知识之间的相互联系，它是解决数学问题强而有力的工具．

通过本节课的学习，让学生初步感受数形结合的思想，要求能运用代数的

知识，通过函数关系的讨论去处理几何图形的问题，通过对图形性质的研究去解决函数之间数量关系的问题，能将抽象的数学语言与直观的图形符号结合起来，把抽象思维与形象思维结合起来；会用代数的方法研究几何问题，会根据图形的性质及几何知识处理代数问题.

在教学中，架起"数"与"形"的立体桥梁，突出数形结合思想方法，有利于学生从不同的侧面加深对问题的认识和理解，也有利于培养学生将实际问题转化为数学问题的能力.

1. 在尝试中初步感受数形结合的思想方法

问题1：如图1，直线 $y = kx + b$（$k \neq 0$）过点 A（-1, 2），B（-2, 0），则 $kx + b \leqslant -2x$ 的解集为_____.

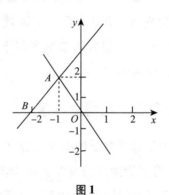

图1

分析：本环节以问题设计为载体，促进课堂学习共同体的构建. 首先，教师让学生进行小组讨论，提出问题：这个问题有几种解决方法？完成这类题目，最关键的是什么？学生的回答：一是利用待定系数法确定函数解析式，再将问题转化为不等式来求解；二是利用函数图像，直接读图确定. 结论：直接读图的方法，关键找"交点". 接下来教师追问：如何判断图像的大小？结论：在函数图像中，位置越高的点对应的函数值越大. 教师继续追问：如果去掉题目中一个条件，而不影响做题，你会去掉什么条件？学生们不假思索地回答：去掉 A、B 两点的坐标. 教师再问：是不是呢？有学生反应过来了，马上回答：A 点的坐标是不能去掉的，它代表了这两个图像的交点，如果 A 点的坐标去掉了，就没有办法找到它们的分界点了. 以"问题串"的设计为载体，在尝试中初步感受数形结合的思想方法，教师及时追问，把师生的交流研讨引向深入，促使学习共同体发挥最大的效能，让学生的学习能力和思维能力都获得提高.

在初中阶段的教学实践活动中，对学生实施数学思想方法的教育，是培养学生数学能力和提高数学素质的有效途径．利用数形结合思想进行讲解，使学生对数形结合思想理念有初步的感知认识，本题的设计一方面是对一次函数与不等式知识点的复习，另一方面也为学生呈现了直观的图形，加强读图的能力，为学生由数到形的思维做好了铺垫．

2. 在运用中逐步深化认识数形结合思想方法

变式：问题 1 中，$0 \leqslant kx + b \leqslant -2x$ 的解集为 _____．

分析：教师提出：在刚才题目基础上多了一个条件即大于等于 0，0 如何处理？学生由此产生困惑，教师要求大家马上进入下一轮讨论。方法一：是用代数问题解决，解不等式组；方法二：因为 $kx + b \geqslant 0$，图像是在 x 轴的上方，同时 $kx + b \leqslant -2x$，确定线段在 $-2x$ 的下方，所以最终确定解集为 $-2 \leqslant x \leqslant -1$，即利用直接读图，找交点，找临界点，同时也可以将 0 看作直线 $y = 0$。本环节将题目进行变式，在学生已有的数学知识基础上，拓宽所学知识的空间，加深对知识点的理解，理解数形结合思想的内涵，逐步提高学生的解题能力。通过独立思考、小组交流，引导学生利用数形结合思想解题，在教师结合图形的点拨下，学生从对抽象思考的迷茫到对直观图像的明了，也加深了对一次函数与不等式组知识点的理解，运用直观的图像解决抽象问题的过程，使得学生对数形结合的思想方法加深理解．

3. 在合作交流中深化理解数形结合思想方法

问题 2：如图 2，已知一次函数 $y = kx + b$ 与反比例函数的图像交于 A，B 两点，且点 A 的横坐标为 2，点 B 的纵坐标为 -4，求当 x 满足什么条件时一次函数的值比反比例函数的值大．

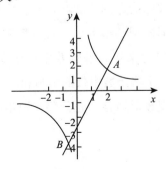

图 2

变式： 若点 A 的横坐标与点 B 的纵坐标均为 1，当 x 满足什么条件时，一次函数的值比反比例函数的值大？请你画出示意图并求出答案．

分析：本题进一步深入到一次函数与反比例函数相结合的探讨，题目并没有直接给出 A，B 两点的坐标，首先我们要利用反比例函数解析式决定 A，B 两点的坐标，在此教师特别指出易错点：y 轴，因为反比例函数中 $x \neq 0$，因此自变量的取值范围会直接影响函数图像，所以把图像划分成四个区域，从左到右看，每一个区域进行比较，求出一次函数的值比反比例函数大的值．利用数形结合思想解决问题时，除了关注交点这一解题关键，还需要特别注意自变量的取值范围．在解决变式问题方面，对于学生推理中出现的各种错误，教师并不急于给出答案，课堂上让学生利用 8 分钟的时间进行小组合作交流，探讨怎样画出示意图，如何确定 A，B 点的坐标，耐心地引导学生分析，找准此题的条件和结论，让学生最终能够清晰地感悟到几何知识的推理方法．教师选取几种典型错误展示：①只画了第一象限，而忘记了第三象限．②把示意图在原图上画，使图像更复杂．③A 点或 B 点的坐标找错了．这一环节，教师为学生提供了充分的合作交流思考时间与空间，完全放手由学生进行探究学生在认知冲突中思考、辨别、提高，动手操作，大胆猜想．教师放手让学生总结，生生补充，教师完善．

由师生"一问一答"转变为师生间"争辩式"的深层对话，在生生间、小组间、师生间的交流、探讨、争辩中，学生间相互影响、感染、分享、体验，形成班级内的良好和谐的学习共同体，教师及时引导学生对方法进行总结提升，使学生能够感悟解决问题的方法，使每位同学都能够学有所得、学有所获．平等、互助、对话式的学习关系，充分发挥了集体智慧和动力．从直接读图到画出示意图，是学生对数学解题能力的挑战与提升，应用数形结合思想能够使学生的解题变得豁然开朗，但画图的精准性，直接影响答案，因此，必须加强学生对画图精准性的训练，以此来提高解题效率．让学生亲自经历观察、作图、猜想、归纳的过程，引导学生将函数中数的刻画和形的表达两者紧密联系起来，以数助形，以形解数，实现数形结合，充分感受数学问题研究中数与形两种方法之间相辅相成．

4. 在解决问题过程中主动运用数形结合思想方法

问题3： 如图 3，已知抛物线 $y_1 = -x^2 + 4x$ 和直线 $y_2 = 2x$，我们约定：当 x 取一个值时，x 对应的函数值分别为 y_1，y_2，若 $y_1 \neq y_2$，取 y_1，y_2 中的较小值为 M；若 $y_1 = y_2$，则记 $M = y_1 = y_2$.

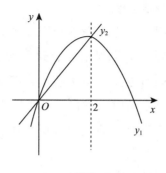

图 3

（1）当 $x > 2$ 时，$M = y_2$；

（2）当 $x < 0$ 时，M 随 x 的增大而增大；

（3）使得 M 大于 4 的 x 的值不存在；

（4）若 $M = 2$，则 $x = 1$.

上述说法正确的是_____.

分析：本环节题目的设计，有梯度、有难度，并提升到一次函数与二次函数相结合的探讨。题目中的 M 代表的是什么？题目的关键是"我们约定"那句话含义："若 $y_1 \neq y_2$，取 y_1，y_2 中的较小值为 M；若 $y_1 = y_2$，则记 $M = y_1 = y_2$"。其实 M 就是找 y_1，y_2 的最小值。通过图像我们可以发现：当 $x > 2$ 时，$M = y_1$，若 $M = 2$ 时，则 x 会有两个点的答案，因此（1）、（4）的说法有误，对于九年级的学生，已经具备了相当的知识水平，对数学思想方法有了一定的理解，并在解决问题过程中形成了一定的运用思想方法的意识．因此教学中教师要重点引导学生从变化多端的问题情境中抓住问题的实质，寻求不同问题解决中的共同内涵，让学生主动领悟隐含于数学问题背后的思想方法，并主动运用思想方法解决共性问题．

在此环节中，学生在教师的引导下，学会将文字语言转化为数学语言思辨，设计开放性的问题，搭建学生沟通的桥梁，让师生有共同研究的话题，共同努力的方向，营造出一种生机勃勃的课堂氛围．在思维发展的关键点上，恰当地采取合作学习，学生在小组活动中，在交流汇报中倾听、思考、合作、质疑、感悟知识，收获方法．

三、几点思考

1. 感悟、归纳、提炼数学思想方法

初中数学思想方法以凹显的方式融于知识体系．我们在教学过程中，应把挖掘出来的数学思想方法进行归纳总结，这种教学活动要纳入教学计划，有目的、有步骤地进行，同时也要让学生感悟、归纳、提炼数学思想方法的过程．在例题分析后或课堂小结时，可将统领本节课知识的数学思想方法概括出来，增强学生对数学思想方法的应用意识，让学生更好地理解、掌握所学的内容．

2. 培养学生综合运用数学思想方法解题

在教学实践活动中，教师为学生提供丰富、生动、典型、直观的素材，创设问题情景，使学生积极投入到接受、分析问题和感悟思想方法的角色中，形成独立探索和分析、解决问题的能力．对某些数学问题，应尽可能地引导学生从多种渠道、多种途径中寻求答案，以获得最佳方法；可通过由简单到复杂、由特殊到一般的思维方式，引导学生大胆联想和猜想，获得新的发现；对于某些条件、因素较多的数学问题，应引导学生系统、全面地分析，以获得正确的结论，提高课堂效率，引导学生解题后进行反思，优化解题过程，总结解题经验，提炼数学思想方法，培养学生综合运用数学思想方法解决实际问题．

3. 重视数学思想方法的教学探索

重视数学思想方法的教学已成为我国数学教育的一大特色，数学思想是凹现的，数学方法是凸现的．因此，在教学中怎样挖掘教科书中所隐含的数学思想方法，怎样有效地进行数学思想方法的教学，如何培养和发展学生的数学思想方法，是摆在我们数学教师和数学教育工作者面前的一个新课题．在义务教育教学实践中，我们不仅要重视教材中数学知识的传授、数学品质的培养、数学能力的提高，而且还要重视数学思想方法的教学探索．

"同构异课"——打造师生喜爱的课堂

本学期，在教育局教研室大力支持下，本区数学科组开展了"同课异构——打造师生喜爱的课堂"公开课活动，这也是区教育局教研室在这个学期重要工作之一．"同课异构"，是让片区内的教师到指定学校上公开课，同一年级、同一内容、水平相同的学生，由不同的教师上课执教更能体现出教师的教学水平、教学能力的高低、专业素质素养的强弱，同时本学科的所有教师都来听课．课上完后，大家对这一节课进行评课，发表各自的看法，提出改进的意见，找到上好这一节课的最佳模式，"打造师生喜爱的课堂"．

这一活动的开展，让执教者能在课堂教学的大舞台上尽显所能，在相互的比较和学习中，充分认识到自己在对教材的理解和处理等方面与他人的差异，从而达到优势互补、相互切磋与共同提高的目的．而作为听课者，不但能从各位老师智慧火花的迸射中有了对教学活动多角度、全方位的思考，而且还能结合自身教学实践进行教学反思，从而有效地促进了教师专业化成长．

一、赠生活之"琴"，拨弄几曲活学的"引入"

一篇好的文章，应是"凤头、猪肚、豹尾"，然而，课堂教学的艺术也像写文章一样，导入引人入胜，进程跌宕起伏，结尾情智共生．

数学是理科之冠，它来源于生活，又服务于生活．而学生是未来社会的主人，所以我们的数学课堂不应该在从抽象到抽象、虚无缥缈、雾里看花中引入数学教学，明确"生活"是学生进行数学学习的起点．

回眸：《一元一次不等式组》三位授课老师的"引入"．

李老师：

课前复习：

(1) 什么叫一元一次不等式组？什么叫一元一次不等式组的解集？

(2) 解下列不等式，并把解集在数轴上表示出来．

$x + 2 < 4x - 1$

伍老师：

学前准备：

解不等式并将其解在数轴中表示出来：

(1) $2x - 1 < x + 1$ (2) $x + 8 < 4x - 1$

郑老师：

情景导学：用每分钟可抽30吨水的抽水机来抽污水管道里积存的污水，估计积存的污水在1200吨到1500吨，那么大约需要多长时间能将污水抽完？

数据分析：抽水机每分钟可抽水_____吨．

积存的污水超过_____吨，积存的污水不足_____吨．

明确问题：抽完污水要多少时间？

解决问题：设抽完污水要 x 分钟，则 x 同时满足不等式：

$$\begin{cases} 30x > 1200 \\ 30x < 1500 \end{cases}$$

找不等式的公共部分，并在数轴上表示出来，求 x 的取值范围_____．

成功的教学需要的不是强制，而是激发学生的学习兴趣，比较三位老师的设计，李老师单刀直入从定义、概念入手；伍老师利用数形结合从解不等式和数轴方面入手；而郑老师的设计从生活实例入手，不仅拓展学生的课外知识，更能让学生品味数学文化，激发学生对数学学习的热爱和兴趣，使学生充分体会到学习数学的价值，体会到数学能运用于生活．生活是快乐的，数学学习更应该是快乐的，如果把活学比作动人的"引入"，生活又何尝不是一把美妙的"弦音"呢？

二、赋游戏之"趣"，畅想更多乐学的"知识归纳"

游戏是由愉快原则促动的，它是满足的源泉．在课堂适时适量安排教学游戏活动，常常能使课堂妙趣横生，营造一个又一个高潮．这种游戏创新，需要教师机智加智慧，在快乐与实践中促进学生主体性的发展．在数学课堂中，让学生的学习成为一场快乐的游戏，从而使课堂教学充满活力和魅力．

回眸：《一元一次不等式组》三位授课老师的"知识归纳"．

李老师：

给出不等式组的四种不同情况，让学生通过数形结合，以及小组讨论找出不等式组的公共部分，得到不等式组的解集．

知识归纳：

设 $a<b$	在数轴上表示解	不等式组的解集
$\begin{cases}x>a\\x>b\end{cases}$		$x>b$
$\begin{cases}x<a\\x<b\end{cases}$		$x<a$
$\begin{cases}x<a\\x>b\end{cases}$		无解
$\begin{cases}x>a\\x<b\end{cases}$		$a<x<b$

伍老师：

小组讨论，归纳总结．

一元一次不等式组（$a>b$）	数轴表示	解集	口诀
$\begin{cases}x>a\\x>b\end{cases}$		$x>a$	大大取大
$\begin{cases}x<a\\x<b\end{cases}$		$x<b$	小小取小
$\begin{cases}x<a\\x>b\end{cases}$		$b<x<a$	大小小大中间找
$\begin{cases}x>a\\x<b\end{cases}$		无解	大大小小解不了

郑老师：

设计游戏，让全班同学参与，以四人小组为单位进行小组探究：

$$x-2<0 \qquad x-2>0$$

$$x+3<0 \qquad x+3>0$$

请从上面、下面各任取一个组成一个不等式组．

不等式组	$\begin{cases} x-2>0 \\ x+3>0 \end{cases}$	$\begin{cases} x-2<0 \\ x+3<0 \end{cases}$	$\begin{cases} x-2<0 \\ x+3>0 \end{cases}$	$\begin{cases} x-2>0 \\ x+3<0 \end{cases}$
分别求解				
数轴表示				
解集				
总结	同大取大	同小取小	大小小大取中间	大大小小无解

李老师、伍老师都是以小组讨论的形式，对知识点进行归纳小结，而且是以 a、b 比较抽象的字母进行比较．而郑老师是从实际数字出发，借助游戏活动的形式，进行小结，既让教师省心，又让学生欢心，更能提高教学效率，可谓游刃有余，事倍功半，有四两拨千斤之功效，让师生尽欢颜！不但引领学生轻松、高效、快乐地进行归纳性、系统性学习，而且畅想更多乐学的"知识归纳"．

三、给体验之"伞"，撑起一方善学的"过程"

数学教学过程并不是封闭和孤立的，它应是学生对数学的认识与数学的实践辩证统一的过程，是教师主导作用的发挥、学生主体能力的生成和发展的过程，是极具开放性的．开放性的数学教学，应为学生拓展数学学习空间，创设更为广阔的、自主创新的数学学习环境．

回眸：《一元一次不等式组》三位教师的授课过程．

李老师：分层教学

A 组题：

（1）不等式 $\begin{cases} x \leqslant 3 \\ x > -2 \end{cases}$ 的解集，在数轴上表示正确的是（　　　）

A. ── B. ── C. ── D. ──

(2) 若不等式组 $\begin{cases} x-a>0 \\ x+b<0 \end{cases}$ 的解集是 $3<x<5$，那么 a、b 的值分别为（　　）

A. $a=3$　$b=5$　　　　　　　B. $a=-3$　$b=-5$

C. $a=-3$　$b=5$　　　　　　D. $a=3$　$b=-5$

(3) 不等式组 $\begin{cases} 2x+3>0 \\ -3x+5>0 \end{cases}$ 的整数解的个数是（　　）

A. 1　　　　　B. 2　　　　　C. 3　　　　　D. 4

B 组题：

(1) 一元一次不等式组 $\begin{cases} x>3 \\ x>a \end{cases}$ 的解集是 $x>3$，那么 a 的取值范围是_____；

(2) 若一元一次不等式组 $\begin{cases} x>3 \\ x\geqslant a \end{cases}$ 的解集是 $x>3$，那么 a 的取值范围是____．

伍老师：

课堂练兵：求下列不等式组的解集．

(1) $\begin{cases} 2x-1>0 \\ 3(x+4)<15 \end{cases}$　　　　(2) $\begin{cases} 2x+3\geqslant x+11 \\ \dfrac{2x+5}{3}-1<2-x \end{cases}$

中考链接：

(1)（2013 湖南省张家界市）把不等式组 $\begin{cases} x>1 \\ 2x-1\leqslant 5 \end{cases}$ 的解集在数轴上表示正

确的是（　　）

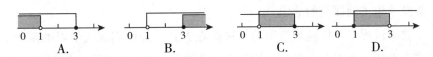

A.　　　　　B.　　　　　C.　　　　　D.

(2)（2013 四川省宜宾市）如图，直线 $y=kx+b$ 经过 $A(2,1)$，$B(-1,$

$-2)$ 两点，则不等式 $\dfrac{1}{2}x>kx+b>-2$ 的解集为_____．

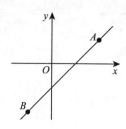

郑老师:

（1）师生探究，合作交流

解不等式组并在数轴上表示出来:

$$\begin{cases} 2x-1 > x+1 \\ x+8 < 4x-1 \end{cases}$$

（2）牛刀小试

解不等式组:

$$\begin{cases} 2x+3 \geqslant x+11 \\ \dfrac{2x+5}{3}-1 < 2-x \end{cases}$$

（3）自主编题

小组合作，自主编题，充当小老师，考考大家．把课堂分为 8 个小组，每个小组各出一道题，然后小组之间互换，计算解题，看哪一组同学又快又准．

从上述可看出三位老师各有特点，李老师采用了分层式教学法，既面向全体，也承认学生个体差异，为学生的全面发展创造条件；伍老师在课堂练兵的基础上渗透中考题，让学生在七年级提早接触，可以消除学生对中考的恐惧感，感受到中考题并不难，它就在你的身边；郑老师的课在学习新知的基础上，让学生自主编题，打破了传统的教学法，不是让教师教学生去学，而是让学生教会学生，学生带动学生去解题，有意识地给学生留下"言尽而意无穷"的意境，激发学生主动探究的欲望．

在教学过程中，体验是学生的一种存在方式，是他们深入学习的基础．以上的课堂设计，由于多重视学生的独特活动体验，使教学成为一笔宝贵的财富，如果把体验言之为一把"伞"，那么它撑起的是一方善学的"过程"．

四、创作业之"门"，开拓一片博学的"园地"

教育应该使提供的东西，让学生作为一件宝贵的礼物来享受，而不是作为一种艰苦的任务要他承担．因此，在作业方面不仅涵盖数学知识，而且兼采他山之石来攻玉，从而引领学生不断开拓，作业变成了智慧之旅，为学生开拓一片博学的"园地"．

回眸：《一元一次不等式组》三位老师的"作业园地"．

李老师：

（1）（2011 广东省中考）解不等式组：$\begin{cases} 2x+1 > -3, \\ 8-2x \leqslant x-1. \end{cases}$

（2）（2013 湖南省常德市）求不等式组 $\begin{cases} 2x+1 > 0 \\ x > 2x-5 \end{cases}$ 的正整数解．

伍老师：

（1）不等式 $\begin{cases} 2x+3 > 9 \\ x+2 < 1 \end{cases}$ 的解集在数轴上的表示如下图所示，其中正确的是（　　）

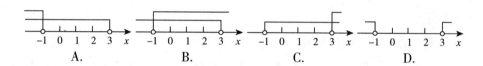

（2）不等式组 $\begin{cases} x+1 \geqslant 0 \\ x-2 < 0 \end{cases}$ 的整数解为（　　）

A. -1，1　　　　B. -1，1，2　　　C. -1，0，1　　　　D. 0，1，2

（3）下列不等式中，解集为 $-1 \leqslant x < 4$ 的是（　　）

A. $\begin{cases} x \geqslant -1 \\ x > 4 \end{cases}$ 　　　　　　　　B. $\begin{cases} x > -1 \\ x < 4 \end{cases}$

C. $\begin{cases} x-4 < 0 \\ x+1 \geqslant 0 \end{cases}$ 　　　　　　　　D. $\begin{cases} x-4 > 0 \\ x \geqslant -1 \end{cases}$

（4）解不等式组

① $\begin{cases} 2x+3 > x+11 \\ \dfrac{2x}{3} < x-2 \end{cases}$ 　　　　② $\begin{cases} 2x+7 \geqslant 1-x \\ 6-3(1-x) > 5x \end{cases}$

郑老师：学海冲浪

（1）（2013 黑龙江省大庆市）若不等式组 $\begin{cases} 2x+a-1 > 0 \\ 2x-a-1 < 0 \end{cases}$，的解集为 $0 < x <$

1，求 a 的值.

（2）（2013 四川省乐山市）已知关于 x，y 的方程组 $\begin{cases} x-2y=m & ① \\ 2x+3y=2m+4 & ② \end{cases}$ 的解

满足不等式组 $\begin{cases} 3x+y\leqslant 0, \\ x+5y>0. \end{cases}$ 求满足条件的 m 的整数值.

教师作为一堂课的总设计师，不仅要精心设计导语，牢牢抓住学生的注意力，也要精心设计结尾. 现代教学理论认为，问题的解决并不是教学的根本目的，不能满足于学生已经掌握了多少问题的答案，而是让学生带着新问题走出课堂，并想办法解决，体现"大课堂"教学观. 比较三位教师的作业，李老师注重基础知识；伍老师题目设计多样化；而郑老师利用学海冲浪培养了学生的综合能力，让学生站在更高的平台上开启智慧之门.

"同课异构"造就了百花齐放的课堂，彰显了教师的教学个性差异，学生的学力差异，也彰显了文本价值的丰富性，纵观这次教研活动，综合表现在以下四个方面：

1. 教学比武——促进提升

在活动中，给教师一个发现自我、重塑自我的平台，教师们通过讲课与听课、自己和他人的对比，找到自己在教学过程中的一些漏洞、不足和有待提高的地方，发现别人好的教学方式和教学方法，促进了教师教学能力的提升.

2. 集体备课——效果良好

三位上课的教师都是经过了精心策划，有备而来，除了上课教师自身的努力外，功不可没的就是科组长以及备课组的全体教师，通过集体备课，利用集体智慧与力量，打造了三节质量及教学效果良好的课.

3. 方法、风格——教无定法

同样一节教学内容，从教学方法上来说是多样的，无论是环节安排还是细节处理都有一定的差异. 教师的个性不同，上课时的表现也有所不同，或粗犷，或细腻，或简略直接，或曲折婉转.

4. 目标、内容层面——因材施教

教师除了吃透了解文本内涵之外，还要了解文本所处的学业阶段、教学单元，并以此作为确定教学目标的重要依据，再根据学生的特点来确定教学设计、取舍教学内容，可谓"因材施教".

　　此次教研经历，使教师们深刻地体会到："同课异构"作为一种教学研讨形式，为我们广大教师搭建了一个畅谈教学思想、交流教学设计和展示教学风格的平台，是一种有效的教研方式，有利于"打造师生喜爱的课堂"．在活动中，无论是执教者还是听课者，都受益匪浅．教师们纷纷表示这种收获如果没有亲身的经历是不能体会到的，并建议今后教研组要多开展此类活动．

磨课就是教师的"练功场"

人磨课，课磨人——磨课就是教师的"练功场"，华侨中学郑小华老师要参加"江门市初中数学青年教师优质课评比"，为了打造精品课，笔者和科组组长易发平、郑小华以及备课组老师，经过细心的研讨和思考，对方案、思路、教学流程、课件，前后进行了四次修改．实践出真知，磨炼出优秀课堂，要拥有"走进教材"的底气，就要通过质疑与追问，拥有"超越教材"的锐气．最终，郑老师在大赛中以扎实的功底、较强的专业素养、精益求精的磨砺，一路遥遥领先，最终获得本次比赛的一等奖，以江门市第一名的身份参加在广州举行的"广东省中学青年数学教师优秀课（说课）评比"，以新颖的设计、激情的演绎、精美的课件折服了在场的评委与听众，喜获广东省特等奖．

前后四轮的上课和磨课，使大家更多地深入思考，获得感悟：课要上得真实、扎实、朴实．在整节课的教学中，不要搞什么"花架子"，要回归数学课堂教学的本位，要注重学生的数学素养．教师要上好课，首先要有深厚的文化底蕴，只有具有深厚的文化底蕴，才能很好地解读教材，驾驭材料和创造性地使用教材，才能打造一个丰富的、开放的课堂．

教学内容：人教版《义务教育教科书·数学》七年级下册（P91～93）《8.2 消元——二元一次方程组的解法》.

一、情境再现

1. 修改前

从一则球讯引出师生对话，提炼出数学问题：篮球联赛中，每场比赛都要分出胜负，每队胜1场得2分，负1场得1分，某队在10场比赛中得到16分，那么这个队胜负场数分别是多少？

教师：我们该如何解这道题呢？可以用二元一次方程组解吗？

学生（基本上齐答）：可以．

（教师板书）

解：设胜 x 场，负 y 场，根据题意，得

$$\begin{cases} x + y = 10 \\ 2x + y = 16 \end{cases}$$

2. 修改后

教师：这道题我们该如何解题？

学生 1：可以用一元一次方程来解决．

解：设胜 x 场，负（$10 - x$）场，根据题意，得

$2x + （10 - x）= 16$

解得 $x = 6$，$10 - x = 4$

教师：不错，这位同学能运用我们以前学的一元一次方程来解题．那还有其他的方法吗？

学生 2：我们还可以用二元一次方程组来解决．

解：设胜 x 场，负 y 场，根据题意，得

$$\begin{cases} x + y = 10 \\ 2x + y = 16 \end{cases}$$

教师：很棒，这位同学能运用今天我们要学的新知识二元一次方程组来解题．

分析与思考：遵循数学来源于生活并应用于生活的理念，创设篮球比赛的情境，使学生感受到即将学习的内容与身边的实际有密切的联系，增强求知欲．

修改前：教师从解决实际问题的情境中展开内容，篮球联赛中的胜负场数问题，直接引入二元一次方程组去解题，毕竟是学生，在接触"新事物"时会感到陌生，个别基础较弱的学生甚至会望而却步．

修改后：从课堂观察来看，引导学生从熟悉的一元一次方程入手，自然过渡到列出二元一次方程组求解，更符合学生的认知规律，比教师单刀直入从陌生的二元一次方程组直接下手效果好多了，学生通过回顾以前知识，提出问题激发学生利用知识进行解题的欲望和学习兴趣．

二、方法探究

1. 修改前

教师：对比我们所列的二元一次方程组和一元一次方程，你能发现它们之间内在的关系吗？

$$\begin{cases} x + y = 10 \\ 2x + y = 16 \end{cases} \qquad 2x + (10 - x) = 16$$

学生 3：胜场得分 + 负场得分 = 16 分

学生 4：$y = 10 - x$

二元一次方程组 $\begin{cases} x + y = 10 & ① \\ 2x + y = 16 & ② \end{cases}$

（教师板书）

①可以写成 $y = 10 - x$，此时②中的 y 换成 $10 - x$

这个方程组就化成了一元一次方程 $2x + (10 - x) = 16$

解这个方程，得 $x = 6$

把 $x = 6$ 代入 $y = 10 - x$，得 $y = 4$

所以这个方程组的解是 $\begin{cases} x = 6 \\ y = 4 \end{cases}$

二元一次方程组中有两个未知数，如果消去其中一个未知数，那么就把二元一次方程组转化为我们熟悉的一元一次方程．我们可以先求出一个未知数，然后再求另一个未知数．这种将未知数的个数由多化少、逐一解决的思想，叫作消元思想．上面的解法，是把二元一次方程中的一个未知数用含另一个未知数的式子表示出来，再代入另一个方程，实现消元，进而求得这个二元一次方程组的解．这种方法叫作代入消元法，简称代入法．

2. 修改后

（教师板书）

二元一次方程组 $\begin{cases} x + y = 10 & ① \\ 2x + y = 16 & ② \end{cases}$ $\xrightarrow[\text{代入}]{\text{变形}}$ $y = 10 - x$

$\downarrow$ 消元

一元一次方程 $2x + (10 - x) = 16$

解这个方程，得 $x = 6$

把 $x = 6$ 代入 $y = 10 - x$，得 $y = 4$

所以这个方程组的解是 $\begin{cases} x = 6 \\ y = 4 \end{cases}$

把二元一次方程组中一个方程的一个未知数用含另一个未知数的式子表示出来，再代入另一个方程，实现消元，进而求得这个二元一次方程组的解．这种方法叫作代入消元法，简称代入法．

分析与思考：对比列出的二元一次方程组与一元一次方程，发现它们之间的关系，转化对解二元一次方程组很重要，"将未知数的个数由多化少，逐一解决"的消元思想．

修改前：老师想利用四张 PPT 去分析解决代入消元法概念的问题，但重复性的语言比较多，学生对二元一次方程组与一元一次方程之间的联系体会不深，学生第一次遇到多元问题，对于为什么要向一元转化、为什么可以转化、如何进行转化存在疑惑，通过观察对照，发现具有二元一次方程组向一元一次方程转化思路的学生也不多．

修改后：通过观察对比，利用箭头的指引更直观地表达二元一次方程组与一元一次方程之间的内在联系，创设问题情境引起学生注意，自然地揭示新课课题，同时把学生带入新课的学习情境中，经过新旧知识的对比，能用旧知识去分析新问题，在探索、交流中发现知识间的联系，感知知识的发展过程，需要结合实际问题进行分析，由于方程组的两个方程中同一未知数表示的是同一数量，发现二元一次方程组向一元一次方程转化的思路，领悟"消元"思想，体会"消元"方法的用法并形成良好的数学思维习惯．

三、例题解析

1. 修改前

教师：把下列方程写成用含 x 的式子表示 y 的形式．

（1） $x - y = 3$　　　　（2） $3x - 8y = 14$

学生5： $y = x - 3$

学生6： $y = \dfrac{3x - 14}{8}$

教师：上题若要用含 y 的式子表示 x 呢？

（1） $x-y=3$ （2） $3x-8y=14$

学生 7： $x=y+3$

学生 8： $x=\dfrac{8y+14}{3}$

例 1：用代入法解方程组

$$\begin{cases} x-y=3 \\ 3x-8y=14 \end{cases}$$

教师分析：方程①得 $x=y+3$，用 $y+3$ 替代方程②中的 x，从而达到消元的目的，方程化为：$3（y+3）-8y=14$

（教师板书）

解：由①，得 $x=y+3$ ③

把③代入②，得 $3（y+3）-8y=14$

解这个方程，得 $y=-1$

把 $y=-1$ 代入③，得 $x=2$

所以这个方程组的解是 $\begin{cases} x=2 \\ y=-1 \end{cases}$

2. 修改后

（1）例题解析

教师：同学们如何用代入法解方程组？

$$\begin{cases} x-y=3 &①\\ 3x-8y=14 &② \end{cases}$$

学生 9：老师，我发现方程①可以变形为 $x=y+3$

教师追问：为什么要变形为 $x=y+3$？

学生 10：可以把 $x=y+3$ 代入方程②.

教师：很好，刚才那位同学分析得很不错，老师把他的思路整理一下，

由①，得 $x=y+3$ ③

把③代入②，得 $3（y+3）-8y=14$

教师：同学们还有其他方法吗？

学生 11：老师，方程①还可以变形为 $y=x-3$

学生12：方程②可以变形为 $x = \dfrac{8y+14}{3}$

学生13：方程②也可以变形为 $y = \dfrac{3x-14}{8}$

教师：大家对学习知识的领悟能力很强，接下来请同学们自学尝试.

（2）自学尝试

用代入法解方程组 $\begin{cases} x - y = 2 \\ 3x - 8y = 11 \end{cases}$

（学生的板书，教师再补充说明）

变形——解：由①，得 $x = y + 2$　③

代入——把③代入②，得 $3(y+2) - 8y = 11$

　　　——解这个方程，得 $y = -1$

求解

　　　——把 $y = -1$ 代入③，得 $x = 1$

写解——所以这个方程组的解是 $\begin{cases} x = 1 \\ y = -1 \end{cases}$

分析与思考：在提出消元思想后，对具体的消元过程进行了归纳，概括了代入法的基本步骤，例1的设计是巩固对代入法的认识，它可以结合代入法的基本步骤，体会算法思想，把具体做法与消元结合起来，使学生明确操作的目的性.

修改前：教师包办代替多，平铺直叙以讲授法为主完成教学任务，没有把更多的思维空间交还给学生，引导学生自己去深入思考，寻求答案，不能较好地发展学生思维的灵活性、敏捷性和深刻性.

修改后：通过课堂观察，教师引导学生分析变形的优选后，让学生自学尝试，仿例题用代入法解方程组.规范格式使教师出示解方程组的详细过程，和学生一起订正过程规范格式，比教师平铺直叙讲授例题的效果明显.通过具体操作，凸现解决方法，展现解二元一次方程的格式，强化对消元过程的理解，明确恰当的代入方法可简化计算，培养学生良好的思维能力、运算能力、检验习惯.

四、学以致用

1. 修改前

例2：根据市场调查，某种消毒液的大瓶装（500g）和小瓶装（250g）两种产品的销售数量（按瓶计算）比为2∶5.某厂每天生产这种消毒液22.5t，这种消毒液应该分装大、小瓶两种产品各多少瓶?

教师分析:

问题中包含两个条件(两个相等关系):

大瓶数:小瓶数 $=2:5$

大瓶所装消毒液 + 小瓶所装消毒液 = 生产总量

(教师板书)

解:设这些消毒液应该分装 x 大瓶、y 小瓶. 得

$$\begin{cases} 5x = 2y \\ 500x + 250y = 22500000 \end{cases}$$

由①,得 $y = \dfrac{5}{2}x$ ③

把③代入②,得 $500x + 250 \times \dfrac{5}{2}x = 22500000$

解这个方程,得 $x = 20000$

把 $x = 20000$ 代入③,得 $y = 50000$

所以这个方程组的解是 $\begin{cases} x = 20000 \\ y = 50000 \end{cases}$

答:这些消毒液应该分装 20000 大瓶和 50000 小瓶.

2. 修改后

例2: 根据市场调查,某种消毒液的大瓶装(500g)和小瓶装(250g)两种产品的销售数量(按瓶计算)比为 $2:5$. 某厂每天生产这种消毒液22.5t,这些消毒液应该分装大、小瓶两种产品各多少瓶?

教师:问题中有哪些未知量?

学生14:有2个,这些消毒液应该分装 x 大瓶、y 小瓶.

教师追问:问题中有哪些等量关系?

学生15:大瓶数:小瓶数 $=2:5$

学生16:大瓶所装消毒液 + 小瓶所装消毒液 $=22.5$(t)

教师:如何用二元一次方程组表示上面的两个等量关系?

$$\begin{cases} x:y = 2:5 \\ 500x + 250y = 22.5 \end{cases}$$

↓ 引导学生发现问题,列出正确方程组

$$\begin{cases} 5x = 2y & ① \\ 500x + 250y = 22500000 & ② \end{cases}$$

小组讨论：由①②中哪个方程去变形，怎么变？

学生讨论结果：

方法一：由①，得 $x = \dfrac{2}{5}y$

方法二：由①，得 $y = \dfrac{5}{2}x$

方法三：由①，得 $500x = 200y$

……

最后让学生用你喜欢的一种方法进行解题.

分析与思考：例2是一个实际问题，将列、解二元一次方程组结合起来，体现应用方程组分析解决问题的全过程，增强应用意识，渗透算法中程序化的思想，培养学生良好的学习习惯，提高思考的深度.

修改前：从课堂观察来看，同学们对大瓶数：小瓶数=2：5如何得到式子 $5x = 2y$ 理解起来存在困难，虽然在教学过程中，教师已经引导学生学习了列方程组的思路，但部分学生对两个等量关系的理解并不透彻，死记硬背把量型记下来，而且只有教师一个人在讲授和板书，学生只是聆听，提高不了学生对数学问题思考的深度、高度和广度.

修改后：引导学生分析题意，查找条件，故意设置一个错误的方程组引导学生发现2：5的转化以及吨和克之间的转换，再列出方程组并解答. 小组讨论合作，探究出不同的变形方法进而解决问题，体现变形方法的多样性，体现数学优选方案. 学生充分展示后，教师出示其中一种解法进行解题后的回顾与反思，向学生渗透算法中程序化的思想和整体代入思想，为后续学习加减消元法解二元一次方程组做铺垫. 经历应用所学知识分析、解决生活中实际问题的全过程，增强应用意识，体会数学在生活中的用途，利于激发学生学习数学的兴趣；通过学生展示不同的变形方法，体现数学的优选意识，渗透算法中程序化的思想，提高思想的深度及学生的思维能力.

五、反思

1. 在解题、反思中领悟通性通法

解二元一次方程组就是要把"二元"化归为"一元"，而化归的方法可以是代入消元法，这一过程同样是解三元（多元）一次方程组的基本思路，是通法．由算术到方程再到方程组，其中蕴含的"数式通性"——已知数、未知数共同参与运算，用运算律化简方程（组），确定未知数的值，在本课中有较好的体现．

学生第一次遇到多元问题，对于为什么要向一元转化、为什么可以转化、如何进行转化，需要结合实际问题进行分析，由于方程组的两个方程中同一未知数表示的是同一数量，通过观察对照，可以发现二元一次方程组向一元一次方程转化的思路．解二元一次方程组的步骤多，需要理解每一步的目的和依据，正确地进行操作，把探究过程分解细化，逐一实施．本节课的教学难点是：理解"二元"向"一元"的转化，掌握代入消元法解二元一次方程组的一般步骤．

2. 活化数学思维，提升数学能力

有效的数学活动不能单纯地依赖模仿和记忆，而动手实践、自主探究与合作交流才是学生学习数学的主要方式．所以在本节课的教学中主要采用了以学生为主体、以活动为主线的学习方式，同时在因材施教的原则下，适时创设情境：创设设疑式情境，激发学生的好奇心；创设讨论式、操作式情境，自主探究；创设争论式情境，启迪学生的发散思维，从而有助于学生在教学活动中实现知识的深度掌握．引导学生在实践、思考、探索、交流中获取知识并形成技能，为学生创设和谐、愉悦、互动的环境，让学生自主合作探究新知识．

教育家朱永新说过"只要有行动，就会有收获"．经过观察、比较、探索、交流、应用等活动，经历知识的发展过程，灵活地运用知识去研究新问题，在问题的解决中领悟化"二元"为"一元"的思想和方法．"教无定法，贵在得法．"新课标强调"让学生经历数学知识的形成与应用过程，充分调动学生思维的主动性、积极性"．根据这样的原则和所要完成的教学目标，以"自主探索、合作交流、归纳总结"展开教学，以"问"来启发学生深思，以"究"带动学生感悟知识，以"梳"引导学生归纳总结．

3. 磨课出成效，彰显自身风采

"磨课"是青年教师必修的功课，在这一过程中所经历的种种"煎熬""磕磕碰碰"和"争议分歧"，恰恰是提升自身专业素养的好机会，在这种"磨人"的操练中，教师的教育教学基本功得到了夯实，领悟了对教材的深刻解读，感受到对课堂的准确把握，加强了对学生的密切关注，引发对课堂最优化的思考．做个有心人，平时要多读书、多思考，不断提高自己的业务素养，尤其是在知识方面的积累和课堂语言方面的锤炼，这是提高课堂教学实效的根本所在．

本次比赛，既充分展示了本区青年教师的专业素养和教学风采，又体现了本区以赛促教、一人参赛、集体研讨、整体提高的浓厚的教研氛围和团结向上、积极进取的团队精神，并鼓舞了本区数学教师在课堂改革的道路上，迈开更大步子，大胆实践，积极探索；也充分展示了本区数学科组教学和教研的综合水平，提高数学教师思想业务素质和教学能力，推广先进的教学经验和教改经验．

驾驭知识的睿智，造就"最强大脑"

造就"最强大脑"，把不聪明的孩子变聪明，让聪明的孩子更聪明．知识是我们所需要的，但我们更需要驾驭知识的睿智，从学知识中形成数学观念，学会用数学思维思考问题．

学生在初中、高中等学到的数学知识，因毕业进入社会几乎没有什么机会应用，通常是出校门不到两年就忘掉了．然而不管他们从事什么业务工作，曾深深地铭刻在头脑中的数学精神、数学思想方法、研究方法、推理方法却会随时随地发挥作用，使孩子们受益终身．这种思维着的精神是地球上最美的花朵，将使孩子们在问题面前纵横驰骋、逢山开路、遇水架桥，做事得心应手，让他们站在系统的高度看待问题，从而形成最强的思维能力．

一、聪明第一步，养"活"思维

"教学的目的是什么？"就仅仅是传授知识吗？教师在教学上不能仅仅满足于难点怎么突破、重点如何讲透，不能总是知识、知识，到头来还是停留在知识上，知识是需要的，但我们更需要驾驭知识的睿智，其本质是高超的思维水平、智力素质．

1. 培养学生结构意识

最蹩脚的建筑师在建筑之前，也已经在头脑中形成了对建筑物的主观构造，形成了计划、草图．而蜜蜂再灵巧，也只是本能地去建筑蜂房，而不会先形成对蜂房的认识再去建筑．因此，人比动物高明的地方在于，人的意识具有目的性和计划性．"这节课，我们应该学习什么？""从一道题中你悟出了什么数学道理？"这些看似平淡的问题，其实意义深远，学生每多思考一遍这些问题，整个知识框架便在他们的脑海中再多重现一遍，形成一个个知识串，使学生养成

"见树木更见森林"的习惯，培养出学生对结构的意识．

结构意识的培养不仅在学习上帮助自己，而且对于学生今后自主学习的开展是大有裨益的．学生将知识放在一定的结构之下，当然这个结构肯定比知识本身简单得多，也更为便于理解记忆，那么他对知识的把握肯定是以结构为单位而发生的，单从数量上来说已经是"事半功倍"了．一个好的结构可以极好地反映作者对问题的思想认识，那么反复去思考结构的问题，其实也是站在更深层的高度去思考，解决问题本身．学生一旦养成了从结构角度去思考问题的思维习惯，在自主学习中就容易触类旁通，对问题的认识自然会比旁人要高明，印象也会更深刻．

2. 送给学生"猎枪"而不是"干粮"

授人以鱼，只供一餐；授人以渔，可享一生．我们的课堂教学，其最终目的是"授人以渔"．教给学生受益终身的本领，使他们形成一套科学的行之有效的学习方法．对任何细节都追根溯源．"原以为离散的知识，都能有条不紊地喜结连理．"理解不再困难了，记忆无须费力，要知其然，更能知其所以然．学生在寻找"为什么"的过程，就是在找它与它以外的事物的关联，有助于形成自己的联想习惯和联想能力．逐步形成一种学习方法，在寻求与旧知识的联系与区别中，学习掌握新的知识，寻找联系与区别，使学习新知识不会感觉有负担．

让学生的思维跑在教师前面．学生要做课堂真正的主人，要有超前思维，超过老师，不要总是跟在老师后面亦步亦趋．无论是上新课还是上习题课，巧妙地对知识结论进行猜想，对学生而言，这种超前思维习惯的养成对于思维能力、学习能力的提高是不言而喻的．

3. 给学生一个变聪明的机会

众所周知，传统题海战把学生变成了不会思考的"机器人"，使其发现不了提高学生智力素质背后的本质规律，只能依靠反复做题，淹没在题海之中．在学生心智成长的关键时期，一直使用这种方法，学生将头脑僵化，丧失"变聪明"的最后机会，带着僵化的思维禁锢心灵．

教师是通过知识的教育来影响学生，通过知识的教学培养能力，发展学生的智力素质．在教学的每个环节，都要周密思考、精心安排，自觉地培养学生的能力，为提高学生的智力素质这个目的服务．学生的头脑逐渐"强大"了，在试题面前"运筹帷幄",难题自然是"落花流水"了.智力素质的提升不仅轻松解决了学生的学习问题,更令孩子在未来的人生角逐中比他人优胜一筹.

二、题不在多,只求"精彩"

水能载舟,也能覆舟,题海战术就是覆舟之术.题不在多而在于精,在于做的方式和质量,要引导学生一题多解、多解归一、多题归一,精彩不只是对定义、定理、方法进行复述,题目的思路应充满活力、综合性强.

1. 走走停停,再回首

练习课时,对待解题,要求学生不要一道题做出来了,就赶快做下一道,要停下来,回首刚刚走过的路,进行分析、总结、吸收营养、分析教训,提高自己以后,再以强大的自己投入新的战斗——做下一道题.停下来回首的时间,视情况而定,每次回首,是为了有所发现、有所发明、有所创新,继而有所前进.

停下来回首,回首什么呢?怎样的回首,才能起到作用呢?

第一步,看看我这道题是怎么解出来的,完成解法的关键性步骤是哪些.

第二步,回忆自己是怎么想出来的.

第三步,是不是还可以有另外的方法,并一一完成.(一题多解)

第四步,比较不同的解法,挖掘它们的共同本质.(多题归一)

第五步,挖掘出来的"共同本质",以前是否总结过?如果有,那么"存档",如果没有,那是"预备档",看看以后它是否又"冒出水面",若是,即可转正,存"正式档".

2. 有所发明、有所创造

例: 如图1,在 Rt$\triangle ABC$ 中,$\angle ACB = 90°$,$\angle BAC = 60°$,$AB = 6$. Rt$\triangle AB'C'$ 可以看作是由 Rt$\triangle ABC$ 绕点 A 逆时针方向旋转 $60°$ 得到的.

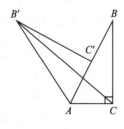

图1

（1）求线段 BC 的长度.

（2）连接 $B'B$，求证△ $AB'B$ 是等边三角形.

（3）求 $B'C$ 的长度.

解：（1）∵ ∠$ACB = 90°$，∠$BAC = 60°$

∴ ∠$ABC = 30°$

∵ $AB = 6$

∴ $AC = 3$，$BC = \sqrt{6^2 - 3^2} = 3\sqrt{3}$

（2）∵ Rt△ $AB'C'$ 是由 Rt△ ABC 绕点 A 逆时针方向旋转 $60°$ 得到的

∴ ∠$B'AB = 60°$，$AB' = AB$

∴ △ $AB'B$ 是等边三角形

（3）∵ △ $AB'B$ 是等边三角形

∴ ∠$B'BA = 60°$，$B'B = AB = 6$

∵ ∠$ABC = 30°$

∴ ∠$B'BC = 30° + 60° = 90°$

∴ $B'C = \sqrt{6^2 + \left(3\sqrt{3}\right)^2} = 3\sqrt{7}$

原题目是直接求 $B'C$ 的长度，本题考查了旋转的性质，勾股定理，含 $30°$ 直角三角形三边关系，以及学生综合运用数学知识的能力，对于本区的学生，特别是基础较薄弱的学生，有一定的难度。原题目给出解答，添加辅助线作 $B'D \perp AC$ 交 CA 的延长线于点 D，对于本区部分学生来说也有一定的困难，所以本人作出了以上的修改。根据三大规律：①深入进去，弄通情景；②顺推分析和逆推分析相结合；③换个角度看问题，是否灵活.

3. 一题多解、多解归一、多题归一

一题多解，达到熟悉，使学生身临其境，加深理解；多解归一，寻求共性，寻求不同解法的共同本质，寻找不同知识类别及思考方式的共性；多题归一，形成规律，抽象出具有共性的解题方法.

以 2014 年广东省初中毕业生学业考试第 24 题为例. 如图 2，⊙O 是△ ABC 的外接圆，AC 是直径，过点 O 作线段 $OD \perp AB$ 于点 D，延长 DO 交⊙O 于点 P，过点 P 作 $PE \perp AC$ 于点 E，作射线 DE 交 BC 的延长线于 F 点，连接 PF.

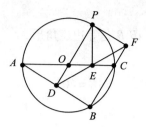

图2

（1）若 $\angle POC = 60°$，$AC = 12$，求劣弧 PC 的长；

（结果保留 π）

（2）求证：$OD = OE$；

（3）PF 是 $\odot O$ 的切线．

证法一：通过证明 $\triangle PCE \cong \triangle PCF$ 为起点，得出 $\angle PEC = \angle PFC = 90°$，并推出在四边形 $PDBF$ 中，$\angle PDB = \angle B = \angle PFC = 90°$，所以 $\angle DPF = 90°$，即 "$PF \perp PO$"，说明 PF 为圆的切线．

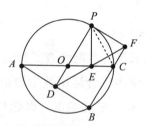

图3

解：连接 PC，

$\because AC$ 是直径，

$\therefore BC \perp AB$

又 $\because OD \perp AB$，

$\therefore PD /\!/ BF$

$\therefore \angle OPC = \angle PCF$，$\angle ODE = \angle CFE$

$\because$ 由（2）知 $OD = OE$，

$\therefore \angle ODE = \angle OED$，

又 $\because \angle OED = \angle FEC$

$\therefore \angle FEC = \angle CFE$

∴ $EC = FC$

由 $OP = OC$ 知 $\angle OPC = \angle PCE$

∴ $\angle PCE = \angle PCF$

∵ 在 $\triangle PCE$ 和 $\triangle PCF$ 中，

$$\begin{cases} EC = FC \\ \angle PCE = \angle PCF \\ PC = PC \end{cases}$$

∴ $\triangle PCE \cong \triangle PCF$（$SAS$）

∴ $\angle PEC = \angle PFC = 90°$

∵ 在四边形 $PDBF$ 中，$\angle PDB = \angle B = \angle PFC = 90°$，

∴ $\angle DPF = 90°$ 即 $OP \perp PF$

∵ OP 是 $\odot O$ 的半径

∴ PF 是 $\odot O$ 的切线

证法二：通过 PA 与 DF 平行且相等，证明四边形 $PADF$ 是平行四边形为起点，推出 $PF \parallel AD$，所以 $\angle FPD = \angle ADP = 90°$，即"$PF \perp PO$"，说明 PF 为圆的切线.

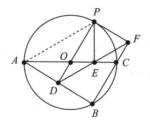

图4

解：连接 PA

∵ $OD = OE$，∴ $\angle ODE = \angle OED$

∵ $\angle POC = \angle ODE + \angle OED$

∴ $\angle POC = 2\angle OED$

又∵ $\angle POC = 2\angle PAC$，∴ $\angle PAC = \angle OED$

∴ $PA \parallel DF$

∵ $\angle PAD = \angle FDB$

∵ $OD \perp AB$，∴ $AD = BD$

$\because AC$ 是 $\odot O$ 的直径

$\therefore \angle DBF = \angle ADP = 90°$

$\therefore \triangle PAD \cong \triangle FDB$（ASA）

$\therefore PA = DF$

$\therefore$ 四边形 $PADF$ 为平行四边形

$\because PF \parallel AD$

$\therefore \angle FPD = \angle ADP = 90°$，即 $OP \perp PF$

$\because OP$ 是 $\odot O$ 的半径

$\therefore PF$ 是 $\odot O$ 的切线

证法三：通过证明 $\triangle OAD \backsim \triangle CAB$ 为起点，再进一步证明 $\triangle PDF \cong \triangle BFD$，推出 $\angle DPF = \angle ABC = 90°$，即 "$PF \perp PO$"，说明 PF 为圆的切线.

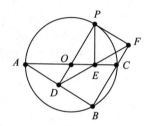

图5

解：$\because AC$ 是 $\odot O$ 的直径，$\therefore \angle B = 90°$

$\because OD \perp AB$，$\therefore \angle ODA = 90°$

$\because \angle B = \angle ODA = 90°$

$\therefore OD \parallel FB$

$\therefore \triangle OAD \backsim \triangle CAB$

$\because$ 点 O 为 AC 的中点，$OD \parallel FB$

$\therefore BC = 2OD$

$\therefore BC = OD + OE$

$BF = OD + OE + CF$

$\angle ODE = \angle OED = \angle FEC = \angle EFC$

$\therefore CE = CF$

$OP = OC = OE + CE$

$DP = OD + OE + CE$

$\therefore DP = BF$

$\because$ 在 $\triangle PDF$ 和 $\triangle BFD$ 中，

$$\begin{cases} DF = DF \\ \angle PDF = \angle BFD \\ DP = BF \end{cases}$$

$\therefore \triangle PDF \cong \triangle BFD$（$SAS$）

$\therefore \angle DPF = \angle ABC = 90°$

$\because OP$ 是 $\odot O$ 的半径

$\therefore PF$ 是 $\odot O$ 的切线

本题是以圆为知识点立意的问题探究，素材植根教材，为学生所熟悉．于是学生就有了"跃跃欲试"的兴奋，发挥他们"最强大脑"的智慧进行解题，本题并不是知识的简单堆砌，需要学生运用直觉思维能力、灵活变形能力、策略选择能力，能力要求较高．这就需要教师在平时的教学中要以课本为本，植根教材，钻研教材，用活教材，做到一题多解、多解归一、多题归一，揭示解题方法及解决问题过程中所体现的数学思想，笔者觉得这正是来源于课本又高于课本的创新题的魅力所在．

三、价值连城的"研究"

问题是数学的心脏，问题研究是学会学习的高层次体现，也是开放型教学的必由之路，既体现出数学的应用，又是数学的魅力所在．数学生命力的源泉在于它的概念和结论尽管极为抽象，但却是从现实中来．运用所学知识解决超出课本习题的实际问题，甚至是别人未曾思考的，这总是其乐无穷的．

1. 学会研究，学会小结

通过对问题的研究，学生的收获是：把抽象问题具体化的思考方法；从特殊到一般的研究方法；养成寻找规律的习惯；培养细致观察的能力，尽快深入本质，抓住关键、善于运用已取得的进展．这对一个孩子能力的提高、正确思想方法的养成，是何等的有意义．

小结有两种：一种是对知识理解、掌握方面的；另一种是关于某种方法方面的．长期写这种小结，思维水平可以大大提高，对于知识和解题方法的掌握作用非同一般．通过小结，学生能够稳定地建立起自己的认知结构，理清自己的思维，这又是一种很好的学习方法．

2. 不做知识海洋里的"小家碧玉"

在教学中，不要把学生禁锢在狭小的框框里面，鼓励学生挑战老师、挑战课本，在学习上以"打倒"老师为荣，这使学生在学习时处于主动地位，而不是被动地成为学习的奴隶．老师和学生是平等的，欢迎学生给老师挑错，有时甚至故意弄出些错误看学生们是否能够找到，这不仅给学生提供了锻炼的机会，也可以检验他们听讲的效果，除了得到正确认识之外，更重要的是得到了智力素质的发展，思维水平的提高、勇气和信心的增强，师生关系也会更加和谐．

例：如图6，在平面直角坐标系中，抛物线的顶点 P 到 x 轴的距离是4，抛物线与 x 轴相交于 O，M 两点，$OM = 4$；矩形 $ABCD$ 的边 BC 在线段的 OM 上，点 A，D 在抛物线上．

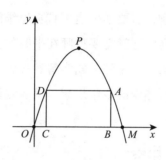

图6

（1）求这条抛物线的解析式；

（2）设点 D $(m，n)$，矩形 $ABCD$ 的周长为 L，写出 L 与 m 的关系式，并求出 L 的最大值；

（3）点 E 在抛物线的对称轴上，在抛物线上是否还存在点 F，使得以 E，F，O，M 为顶点的四边形是平行四边形？如果存在，写出 F 点的坐标．

解：（1）依题意得，顶点 P 的坐标为 $(2，4)$

设抛物线的解析式为 $y = a$ $(x-2)^2 + 4$

把点 M $(4，0)$ 代入解析式，解得 $a = -1$

所以抛物线的解析式为 $y = -$ $(x-2)^2 + 4$ 或 $y = -x^2 + 4x$

（2）$\because$ 点 D $(m，n)$ 在抛物线上，

$\therefore n = -m^2 + 4m$，$BC = 4-2m$，

$\therefore$ 矩形 $ABCD$ 的周长为 $L = 2$ $(4-2m+n)$ $= 2$ $(4-2m-m^2+4m)$

整理得 $L = -2(m-1)^2 + 10$，

∴当 $m = 1$ 时，周长 L 有最大值 10

（3） OM 是平行四边形的边时：

点 F 的横坐标：$2 - 4 = -2$，纵坐标：$y = -(-2)^2 + 4 \times (-2) = -12$，此时，点 $F(-2, -12)$．

或点 F 的横坐标：$2 + 4 = 6$，纵坐标：$y = -6^2 + 4 \times 6 = -12$，此时，点 $F(6, -12)$．

综上所述，点 $F(-2, -12)$ 或 $(6, -12)$ 时，以 E，F，O，M 为顶点的四边形是平行四边形．

本题是二次函数综合题，利用了二次函数的对称性，用待定系数法求解析式、根据图像上点的坐标特征求最值问题，平行四边形的性质；难点根据平行四边形的性质分情况讨论求出点 F 坐标，①对边相等，②对角线互相平分．老师在出示第（3）问解答过程的时候，故意把对角线互相平分的情况忽略了，让学生去发现疏漏或错误．第（3）问完整的解答过程如下：

（3）① OM 是平行四边形的边时：

点 F 的横坐标：$2 - 4 = -2$，纵坐标：$y = -(-2)^2 + 4 \times (-2) = -12$，此时，点 $F(-2, -12)$．

或点 F 的横坐标：$2 + 4 = 6$，纵坐标：$y = -6^2 + 4 \times 6 = -12$，此时，点 $F(6, -12)$．

② OM 是平行四边形的对角线时，EF 所在的直线经过 OM 的中点，

∴ EF 都在抛物线的对称轴上，

∴ 点 F 与点 P 重合，此时，点 $F(2, 4)$．

综上所述，点 $F(-2, -12)$ 或 $(6, -12)$ 或 $(2, 4)$ 时，以 E，F，O，M 为顶点的四边形是平行四边形．

造就学生"最强大脑"，通过知识的教学培养学生的能力，在能力提高的基础上，不断发展和完善学生驾驭知识的睿智，造就一个"最强大脑"，把不聪明的孩子变聪明，让聪明的孩子更聪明．训练学生大脑的思维能力，让学生能够站在系统的高度看问题，学会用哲理指导自己的学习，从而升华到对知识驾驭的能力，提高思维水平．

"数感"融入中考

在新课标中，提出关于数学课程的 10 个核心概念，分别是数感、符号意识、空间观念、几何直观、数据分析观念、运算能力、推理能力、模型思想、应用意识、创新意识共十个方面．其中"数感"就放在首位．

"数感"是我们既熟悉又陌生的一个概念，在人们的学习和生活实践中经常要和各种各样的数打交道．在数学教学中发展学生的数感主要是指，使学生具有应用数字表示具体的数据和数量关系的能力；能够判定不同的算术运算，有能力进行计算，并具有选择的方法（心算、笔算、使用计算器）实施计算的经验；能依据数据进行推论，并对数据和推论的精确性、可靠性进行检验等．

"数感"在中考数学中占有相当重要的分量，渗透到了各种中考类型题中．

一、理解"数感"走进中考

1. 对数感的认识

数学课程标准指出：数感主要是指关于数与数量、数量关系、运算结果估计等方面的感悟．其一，"数感"是个体的一种感知和领悟．它表明，"数感"是有层次的——感知、领悟；"数感"还具有明显的个性化特征，反映的是个体对于感悟对象的一种领悟．其二，感悟对象包括数与数量、数量关系、运算结果估计．

2. "数感"走进中考

数学课程标准在关于学习内容的说明中，描述了数感的主要表现，包括理解数的意义，能用多种方法表示数；能在具体的情境中把握数的相对大小关系；能用数表达和交流信息；能为解决问题选择适当的算法；能估计运算的结果，并对结果的合理性作出解释，自然也成了中考数学的常考题．

例1：（2012·天津）估计 $\sqrt{6}+1$ 的值在（　　　）

A. 2 到 3 之间　　　　　　　　　　B. 3 到 4 之间

C. 4 到 5 之间　　　　　　　　　　D. 5 到 6 之间

本题主要考查无理数的估算，解题关键是确定无理数的整数部分，属于基础题．

例2：（2012·长沙）下列长度的三条线段能组成三角形的是（　　　）

A. 1、1、2　　　　　　　　　　　B. 3、4、5

C. 1、4、6　　　　　　　　　　　D. 2、3、7

此题考查三角形的三边关系，判断能否组成三角形的简便方法是看较小的两个数的和是否大于第三个数．

例3：（2011·四川）如图1，在数轴上表示实数 $\sqrt{14}$ 的点可能是（　　　）

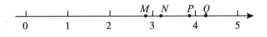

图1

A. 点 M　　　　B. 点 N　　　　C. 点 P　　　　D. 点 Q

先对无理数进行估算，再确定无理数是在哪两个相邻的整数之间，然后确定对应的点即可解决问题．

例4：（2011·湛江）某中学为了了解学生的体育锻炼情况，随机抽查了部分学生一周参加体育锻炼的时间，得到如图2的条形统计图，根据图形解答下列问题：

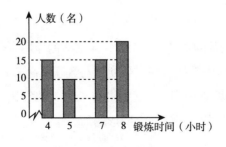

图2

（1）这次抽查了_____名学生；

（2）所抽查的学生一周平均参加体育锻炼多少小时？

（3）已知该校有1200名学生，估计该校有多少名学生一周参加体育锻炼的时间超过6小时？

解题中将用到：条形统计图；用样本估计总体；加权平均数．在具体情境中把握数的相对大小关系，不仅是理解数概念的需要，同时也会加深学生对数的实际意义的理解．

可见，数感是一种主动地、自觉地或自动地理解数和运用数的态度与意识．数感是人的一种基本的数学素养．它建立明确的数概念和有效地进行计算等数学活动的基础，是将数学与现实问题建立联系的桥梁．

二、建立"数感"深入中考

1. 建立"数感"意识

紧密结合现实生活情境和实例，与学生的实际生活经验密切相连，不仅能够为学生提供真实自然的数的感悟环境，也能让学生在数的认知上经历由具体到抽象的过程，逐步发展学生关于数的思维．反之，学生数感的提升也使得他们能用数字的眼光看周围世界，正如新标准所说："建立数感有助于学生理解现实生活中数的意义，理解或表述具体情境中的数量关系．"

2. "数感"深入中考

建立数感可以理解为会"数学"地思考，这对每一个人都是重要的．我们没有必要让每一个学生都成为数学家，但应当使每一个学生都在一定程度上会"数学"地思考．

数感的建立是提高学生数学素养的重要标志．数学素养不只是用计算能力的高低、解决书本问题能力的大小、中考成绩的多与少等来衡量的．数学课程标准中强调："要引导学生联系自己身边具体、有趣的事物，通过观察、操作、解决问题等丰富的活动，感受数的意义，体会数用来交流的作用，初步建立数感"．

在各类中考数学题中常把这些实际问题与数联系起来，就是一种数感．

例1：（2011·深圳）如图3，这是由边长为1的等边三角形摆出的一系列图形，按这种方式摆下去，则第 n 个图形的周长是_____．

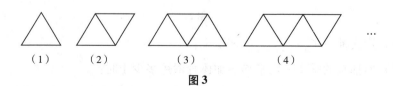

（1）　　（2）　　　（3）　　　　（4）

图3

此题考查的是图形数字的变化类问题，关键是通过观察分析得出规律，根据规律求解．将数与实际背景联系起来，用数学的方式思考问题．

例2：（2011·广州）某商店5月1日举行促销优惠活动，当天到该商店购买商品有两种方案，方案一：用168元购买会员卡成为会员后，凭会员卡购买商店内任何商品，一律按商品价格的8折优惠；方案二：若不购买会员卡，则购买商店内任何商品，一律按商品价格的9.5折优惠．已知小敏5月1日前不是该商店的会员．

（1）若小敏不购买会员卡，所购买商品的价格为120元时，实际应支付多少元？

（2）请帮小敏算一算，所购买商品的价格在什么范围时，采用方案一更合算？

本题考查的是用一次函数解决实际问题，此类题是近年中考中的热点问题．注意利用一次函数求最值时，关键是应用一次函数的性质，即由函数 y 随 x 的变化，结合自变量的取值范围确定最值．

例3：（2011·贵港）随着人们经济收入的不断提高及汽车产业的快速发展，汽车已越来越多地进入普通家庭．据某市交通部门统计，2008年年底该市汽车拥有量为75万辆，而截至2010年年底，该市的汽车拥有量已达108万辆．

（1）求2008年年底至2010年年底该市汽车拥有量的年平均增长率．

（2）为了保护城市环境，缓解汽车拥堵状况，该市交通部门拟控制汽车总量，要求到2012年年底全市汽车拥有量不超过125.48万辆；另据统计，从2011年年初起，该市此后每年报废的汽车数量是上年年底汽车拥有量的10%．假设每年新增汽车数量相同，请你估算出该市从2011年年初起每年新增汽车数量最多不超过多少万辆．

本题第一问考查的是一个增长率问题，知道2008年的车辆数量，知道2010年的车辆数量，发生了两年变化，可列方程求解．第二问以汽车总量作为不等量关系，根据增加的和报废的，可求出结果．让学生学会用数表达和交流信息，既能使学生体会学习数学的价值，也是数感的具体表现．

数感使人眼中看到的世界有了量化的意味，当我们遇到可能与数学有关的具体问题时，就能自然地、有意识地与数学联系起来，或者试图进一步用数学的观点和方法来处理与解释．

三、培养"数感"融入中考

1. 培养学生的数感

培养学生的数感就是让学生更多地接触和理解现实问题，有意识地将现实问题与数量关系建立起联系．数学素养不只是用计算能力的高低和解决书本问题能力的大小来衡量的，还要学生学会数学地思考问题，用数学的方法理解和解释实际问题，能从现实的情境中看出数学问题，这也是数学素养的重要标志．

2. "数感"融入中考

数感的培养有利于学生提出问题和解决问题能力的提高．解决问题能力的培养重要的是在具体的问题情境中让学生去探索、去发现，解决一个问题可能需要一种以上策略，不只是简单地在套用公式解固定的模式化的问题．要使学生学会以从现实情境中提出问题，从一个复杂的情境中提出问题，找出数学模型，就需要具备一定的数感，在中考数学中也是非常有必要的．

例1：（2011·百色市）为庆祝中国共产党建党90周年，6月中旬我市某展览馆进行党史展览，把免费参观票分到学校．展览馆有2个验票口A、B（可进出），另外还有2个出口C、D（不许进）．小张同学凭票进入展览大厅，参观结束后离开．

图4

（1）小张从进入到离开共有多少种可能的进出方式？（要求用列表或树状图）

（2）小张不从同一个验票口进出的概率是多少？

此题考查概率的求法：如果一个事件有 n 种可能，而且这些事件的可能性相同，其中事件A出现 m 种结果．

例2：（2012·内江）某市为创建省卫生城市，有关部门决定利用现有的4200盆甲种花卉和3090盆乙种花卉，搭配A、B两种园艺造型共60个，摆放于入城大道的两侧，搭配每个造型所需花卉数量的情况如表 1 所示，结合上述信息，解答下列问题：

表 1

花　　数量　　造型	甲种	乙种
A	80	40
B	50	70

（1）符合题意的搭配方案有几种？

（2）如果搭配一个 A 种造型的成本为 1000 元，搭配一个 B 种造型的成本为 1500 元，试说明选用哪种方案成本最低，最低成本为多少元．

此题考查了一元一次不等式组的应用，是一道实际问题，有一定的开放性．第（1）问根据图表信息，利用所用花卉数量不超过甲、乙两种花卉的最高数量列不等式组解答；第（2）问为最优化问题，根据（1）的结果直接计算即可．

学生数感的建立与形成不是一蹴而就的，是在学习过程中逐步体验和建立起来的，需要不断地自主体会、归纳与提升．教师在教学过程中要加强对学生数感的培养，并体现在中考数学中，学会数学地思考问题，用数学的方法理解和解释实际问题，从现实的情境中看出数学问题．

随着学生年龄的增长和知识经验的丰富，引导学生探索数、形及实际问题中蕴含的关系和规律，初步掌握一些能够有效地表示、处理和交流数量关系以及变化规律的工具，会进一步增强学生的数感．把数感的建立与数量关系的理解和运用结合起来，与符号感的建立和初步的数学模型的建立结合起来，紧密联系中考数学，将有助于学生整体数学素养的提高．

《数形结合思想下——勾股定理》教学设计

一、教学目标

通过对勾股定理历史的了解，感受数学文化，激发学习热情．体验勾股定理的探索过程，发展合情推理能力，体会数形结合的思想．在探究活动中，体验解决问题方法的多样性，培养学生的合作交流意识和探索精神．

整节课让学生真正感受并学习到：一个定理——勾股定理；一个思想——以数形结合的思想；一次探索——由特殊到一般的探索过程；一份自豪——中国人的自豪！

二、教学重点

探索和证明勾股定理．

三、教学难点

用补全法、分割法、拼图的方法证明勾股定理．

四、教学方法与手段

本节课采用了导学案的形式进行授课．通过动手操作，探索并发现直角三角形三边数量关系，经历小组协作讨论，进一步发展合作交流的能力和数学表达能力；并感受勾股定理的应用意识．运用了多媒体教学手段，图表的形式，三角形模具，小组讨论合作等形式进行教学．

五、教学过程

（一）课堂引入

请同学们想一想3月份有哪些重要的节日．其中一个是3月12日植树节，请看图片，很多树大家都见过了，例如森林里的树、草原上的树等，但这种树你见过了吗？欣赏"勾股树"的动态演示，引入"奇异之树——勾股树"．

为使学生能够积极主动地投入到探索活动中，特创设情境，激发学生学习热情．

（二）猜想与探索

让我们一起进入到勾股树的探索之旅吧！

首先，引入生活中的实例：小明妈妈买了一部 29 英寸（74 厘米）的电视机．小明量了电视机的屏幕后，发现屏幕只有 58cm 长和 46cm 宽，他觉得一定是售货员搞错了．你同意他的想法吗？你能解释这是为什么吗？

通过本节的学习，请同学们一起来解决这个问题．

毕达哥拉斯是古希腊著名的哲学家、数学家、天文学家．相传在 2500 多年前，有一天毕达哥拉斯去他朋友家做客，这位主人的餐厅铺着是正方形大理石地砖，他欣赏的不只是美丽的地砖，更想到它们反映直角三角形三边的某种数量关系．

图1

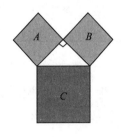

图2

同学们看看图 2 中你能找到答案吗？A，B，C 的面积有什么关系？

$$S_A + S_B = S_C$$

让学生主动参与探究活动，大胆发表自己的见解．

归纳：对于等腰直角三角形有这样的性质：两条直角边为边长的正方形面积之和，等于斜边为边长的正方形的面积．

等腰直角三角形是特殊的直角三角形，那对于其他的直角三角形也有这样的性质吗？你有新的结论吗？

给学生留出充分的时间思考和交流，鼓励学生大胆说出自己的看法．鼓励学生勇于面对数学活动中的困难，尝试从不同角度寻求解决问题的有效方法，并通过对方法的反思，获得解决问题的经验.

（1）观察图3①、②，并填写表1：

请同学想想你是用什么方法计算出 C 的面积？

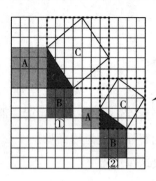

请同学想想你是用什么方法计算出C的面积？

图3

表1

	A 的面积（单位面积）	B 的面积（单位面积）	C 的面积（单位面积）
图1			
图2			

（2）三个正方形 A，B，C 的面积之间有什么关系？_____

引导学生通过小组协作讨论，如何用不同的方法求出 C 的面积.

回忆初一学习过的补全方法以及分割的方法，以此来求出 C 的面积.

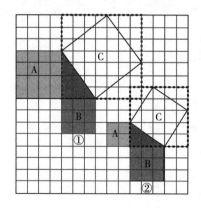
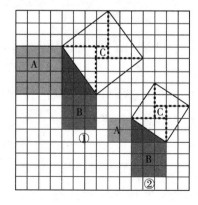

图4

用补全的方法以及分割的方法来求出 C 的面积，让学生在黑板上演示计算的过程．

三个正方形 A，B，C 的面积之间有什么关系？

$S_A + S_B = S_C$，$16 + 9 = 25$，$4^2 + 3^2 = 5^2$

从而推出：在直角三角形中，两直角边的平方和等于斜边的平方．

最后推出猜想：命题1 如果直角三角形的两直角边长分别为 a，b，斜边长为 c，那么：$a^2 + b^2 = c^2$．

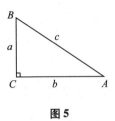

图5

（三）证明

动手做一做：用四个两直角边长分别为 a，b，斜边为 c 的全等的直角三角形，你能拼出一个正方形图形，来证明 $a^2 + b^2 = c^2$ 的猜想吗？

通过拼图小组合作的活动，调动学生思维的积极性，为学生提供从事数学活动的机会，体会数学中的数形结合思想．让学生讲述证明的两种方法．然后，教师再作补充．

证明一：

S（大正方形的面积）＝_____．

大正方形的面积可以由哪些图形组合而成：_____．

（你能列出式子推出 $a^2 + b^2 = c^2$ 吗？）

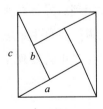

图6

证明二：

S（大正方形的面积）＝_____．

大正方形的面积可以由哪些图形组合而成：_____．

（你能列出式子推出 $a^2 + b^2 = c^2$ 吗？）

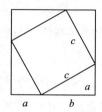

图7

教师动态演示，引入"赵爽弦图"，在2002年在北京召开的国际数学家大会会徽，就是采用了我国汉代数学家赵爽在证明勾股定理时用到的图案，被称为"赵爽弦图".

从而推出勾股定理：在直角三角形中，两直角边的平方和等于斜边的平方.如果在 Rt△ABC 中，∠C = 90°，那么 $a^2 + b^2 = c^2$，$c = \sqrt{a^2 + b^2}$ 公式可以变形为

$b^2 = c^2 - a^2$，$b = \sqrt{c^2 - a^2}$

$a^2 = c^2 - b^2$，$a = \sqrt{c^2 - b^2}$

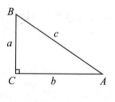

图8

"勾股定理"在国外，尤其在西方被称为"毕达哥拉斯定理"或"百牛定理"——毕达哥拉斯发现了勾股定理后异常高兴，命令他的学生宰了一百头牛来庆祝这个伟大的发现，因此又叫作"百牛定理".

其实，中国早在他们之前500多年就发现了勾股定理！为什么他们不知道呢？哈！因为当时没有互联网.

（四）学以致用

（1）想一想：若直角三角形的两直角边长分别为3cm、4cm 的直角三角形（图9），请问它斜边的长是多少？（教会学生简单的计算方法，并解释了"勾三股四弦五"的典故.）

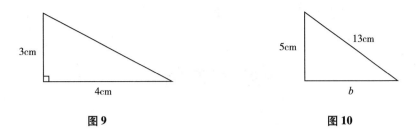

图9　　　　　　　　　　　　　　　图10

若直角三角形的直角边长为5cm、斜边为13cm（图10），请问它另一条直角边的长？

（2）做课堂导学练习．让学生巩固加深对勾股定理的理解．

（3）闯关夺奖．设计了三关，题目由浅入深，让学生以小组为单位进行竞赛，充分调动学生的积极性，激发学生探求新知的欲望，掀起学习的小高潮．

（4）师生共同解决生活中的实例，（即买29英寸电视机那道题）让学生感受到学习数学的用处，生活中的点滴都离不开数学．

（5）反败为胜．以赵爽弦图为背景图，设计了四个弦关：1分、2分、3分、4分题，让学生选题挑战自我，使学生大胆发言在相互争辩、互助中得到提高，使整节课达到了高潮．

（五）收获感想

本节课你有什么收获？让学生谈体会，创造交流的空间，在轻松愉快的气氛中体会收获的喜悦．最后老师进行补充：一个定理——勾股定理；一个思想——以数形结合的思想；一次探索——由特殊到一般的探索过程；一份自豪——中国人的自豪！

（六）课外延读

让学生去证明美国第二十任总统伽菲尔德的"总统证法"．作为作业给学生留有继续学习的空间和兴趣．

（本教学设计荣获"第九届全国中学教学课件与说课课件大赛"全国二等奖；广东省初中青年数学教师优秀课评比一等奖）

参考文献

［1］中华人民共和国教育部．义务教育数学课程标准（2022 年版）［M］．北京：北京师范大学出版社，2022．

［2］中华人民共和国教育部．义务教育数学课程标准（2011 年版）［M］．北京：北京师范大学出版社，2012．

［3］刘月霞，郭华．深度学习：走向核心素养（理论普及读本）［M］．北京：教育科学出版社，2018．

［4］刘晓玫．深度学习：走向核心素养（学科教学指南·初中数学）［M］．北京：教育科学出版社，2019．

［5］尤小平，崔允漷．学历案与深度学习［M］．上海：华东师范大学出版社，2017．

［6］商庆平．数学支架教学法［M］．长春：吉林大学出版社，2018．

［7］吴和贵．支架式教学·有效教学的生长点［M］．广州：中山大学出版社，2013．

［8］商庆平．中学数学教学中的问题支架设计研究［J］．中学数学教学参考，2012（5）：20．

［9］张士勤，王顺钦．中学数学教学设计［M］．北京：科学出版社，2015．

［10］广东省教育厅教研室．初中新课程数学优秀教学设计与案例［M］．广州：广东高等教育出版社，2006．

［11］叶媛媛．数学思想方法之数形结合［J］．中学数学教学参考：中旬，2017（3）：31－33．

［12］马复，凌晓牧．新版课程标准解析与教学指导［M］．北京：北京师范大学出版社，2012．

后 记

我从事教育教学工作已 21 个春秋，回想过去，经历过风雨，跌倒过，失败过，但我又是幸运的，更是幸福的，因为在成长的道路上，遇到了很多好领导、人生导师、好同事，帮助我快速地提高与成长．十岁不愁，二十不悔，三十而立，四十不惑，在这不惑之年迎来了一份沉甸甸的邂逅——第一本专著与大家见面分享！这将是我数学教研路上的一道分水岭，我会以此为新的契机继续奋力前行．

自 2012 年加入教研员队伍以来，我心中一直有个愿景，即能为区域教研尽点微薄之力，来促进区域师生素质素养的提高．通过多年的实践，联动省级课题组成员、六大片区教研员、区名师工作室学员，逐步形成我区"指向深度学习的初中数学支架式教学"特色，推动学科组建设，引领教师专业发展．

2021 年，我成为广东省中小学"百千万人才培养工程"初中理科名教师培养对象，促进了对个人的教学思想、教学风格、教学主张的提炼与思考，这本书记录了我成长的轨迹，记录了我对初中数学教学的思考，以及在教学实践中的所思所想所悟，特别是对教学教研中的教训与经验的梳理，对于我来说是对自己经历的一次仔细的凝练、一次激情的倾诉，更是一次理性的磨砺．在此，与大家深度研磨，互勉共进．

感谢各级领导、专家、导师、同事对我的充分信任和倾力支持！感谢广东第二师范学院李样明教授为本书作序！感谢广东第二师范学院熊焰教授、深圳市第二实验中学林伟副校长、广州市天河区教师发展中心刘永东教研员对我的关爱、鼓励与悉心栽培，才有了我点滴的进步和绵薄成绩！

感谢我的父母，特别是我的母亲，是她的鼓励，让我无悔选择了教师的职业，懂得自信、坚持不懈、勇往直前，通往幸福的职业生涯！

最后，感谢大家选择这本书阅读，由于理论仍需要更多时间的研读与思考，实践成果还需要进一步精练，恳请读者多多指正．同时也希望该书能成为您学习的伙伴，共同传递教学相长的教研价值，彼此分享与成长！

黎康丽

2022 年 8 月于江门